ISBN 978-3-86037-559-4

1. Auflage

©2014 Edition Limosa GmbH
Lüchower Straße 13a, 29459 Clenze
Telefon (0 58 44) 971 16-10, Telefax (0 58 44) 971 16-39
mail@limosa.de, www.limosa.de

Redaktion:
KreislandFrauenverband Herford

Lektorat:
Ulrike Kauber

Satz und Layout:
Zdenko Baticeli, Lena Hermann

Korrektorat:
Gerd Schneider

Unter Mitarbeit von:
Martina Grocholl, Karin Monneweg, Britta Arndt

Medienberatung:
Heidrun Diekmann, Petra Schröder

Gedruckt in Deutschland

KreislandFrauenverband Herford

Das Kochbuch
Wittekindsland

Zwischen Werre, Wiehen und Wurstebrei

Geschichten und Erzählungen

4

Die Sonne geht auf im Wittekindskreis.

Inhaltsverzeichnis

Wenn nicht anders vermerkt,
sind alle Rezepte für vier Personen ausgelegt.

**Die Herforder LandFrauenrose wird 80 Zentimeter
hoch. Sie ist buschig, die Blüte reinrosa gefüllt, am
Rand etwas wellig und nach innen heller werdend.
Sie blüht mehrfach und verströmt einen zarten Duft.**

Ein Gruß

Die vielfachen Kompetenzen der Land-Frauen sind weithin unumstritten, was also liegt näher als uns LandFrauen nach einem Kochbuch zu fragen? Der Verlag Edition Limosa setzte mit dem Wunsch, die Rezepte in diesem Buch mit individuellen Fotos und interessanten Geschichten zu bereichern, auf die bekannte Flexibilität und Zuverlässigkeit der LandFrauen.

Wir Herforder LandFrauen nahmen diese Herausforderung gerne an! Ein Team aus einem Dutzend LandFrauen, unterstützt durch die Ortsverbände, sammelte beträchtliches Material. Gibt es doch überall sehenswerte Bilder, historische Geschichten und Anekdoten, engagierte Menschen und Speisen, die Familien über Jahre schätzen und lieben lernten. So mussten wir nicht nur unsere redaktionelle Freiheit geltend machen, sondern hatten auch die Qual der Wahl!

Freuen Sie sich nun auf eine Auswahl unterschiedlicher Gaumenfreuden, allesamt problemlos zuzubereiten. Genießen Sie die ausdrucksvollen bildhaften Impressionen aus der Region und lassen Sie sich von unserem – garantiert kalorienfreien – Futter für die grauen Zellen inspirieren. Kurz: Entdecken Sie den Wittekindskreis Herford auf eine andere Art, ganz besonders seinen ländlichen Charme.

»Man muss dem Körper Gutes tun, damit der Geist Lust hat, darin zu wohnen.«
(Winston Churchill)

Heidrun Diekmann   *Petra Schröder*

Heidrun Diekmann   Petra Schröder

Petra Schröder (vorne), Heidrun Diekmann

Ein herzliches Dankeschön

- unserem Team für die Mitarbeit, Unterstützung und Beharrlichkeit
- Rita Busch, Hanne Ledebur und Annegret Ritzmann für die unermüdliche Eingabe der Rezepte
- allen LandFrauen aus den Ortsverbänden Bünde, Enger/Herford, Kirchlengern, Löhne, Spenge, Rödinghausen und Vlotho, die uns mit Material versorgt haben
- allen Hobbyfotografen, Städten und Gemeinden, die uns freundlicherweise ihre Fotos zur Verfügung gestellt haben
- allen Autoren, die uns ihre Geschichten überlassen oder neue Texte verfasst haben
- allen, deren Tipps zum Gelingen dieses Projektes beigetragen haben.

Ganz besonders danken wir unseren Familien für ihre Unterstützung und unendliche Geduld.

Das Team (jeweils von links nach rechts): Petra Schröder, Mareike Hübner, Anne Ritzmann, Jutta Fleer, Hanne Ledebur, Rita Busch, Roswitha Barmeier, Heidrun Diekmann, Marianne Korte, Silke Niepert, Ulrike Binnewitt

7

Das Mädchenprojekt Liyoyelo

Wir LandFrauen wissen es zu schätzen, dass in unserem Land die Versorgung mit hochwertigen Lebensmitteln so gut ist wie niemals zuvor. Auch unsere Region bietet eine Vielfalt an eigenen Nahrungsmitteln.

Das ist nicht in allen Ländern der Erde eine Selbstverständlichkeit und darum möchten wir mit je 1 Euro aus dem Verkaufserlös jedes Kochbuches das »Mädchenprojekt Liyoyelo« in Limulunga unterstützen. Das Engagement einer unserer LandFrauen vor Ort gibt uns die Sicherheit, dass das Geld direkt und ohne Umwege dort ankommt.

Lesen Sie dazu den sehr persönlichen Erfahrungsbericht »Eine Reise nach Sambia« auf Seite 30.

Zu Besuch in Limulunga

Das Waisendorf Liyoyelo

Liebe Leserinnen und Leser,

wenn ein regionales Kochbuch erstellt wird, fallen einem sofort mehrere Begriffe ein: Umgang mit und Verwendung von regionalen Lebensmitteln, liebevolle Zubereitung von Speisen in der Küche sowie gemeinsame Mahlzeiten in geselliger Runde, um die ausprobierten Rezepte zu genießen. Das Lebensmittel steht dabei im Zentrum. Ohne es geht nichts, es ist das von der Schöpfung uns anvertraute Produkt, das sich durch Kochkunst in eine Speise verwandelt. Der Begriff drückt so treffend aus, was es beinhaltet: Wir benötigen es zum Leben, es ist kostbar und seine Verfügbarkeit ist ein Geschenk. Zugleich spiegelt es, aus der Region stammend, Esskultur und Tradition wider, ist von der heimischen Landwirtschaft erzeugt und damit eine Gabe aus unserer unmittelbaren Lebensumgebung. Als zubereitetes Gericht kann es seine Qualität entfalten, zum Nachkochen anregen und auch Gegenstand für einen Gedankenaustausch sein, wo dieses Gericht seinen Ursprung hat und warum es heute noch oder heute wieder auf unserem Tisch zu finden ist.

Das Kochbuch dokumentiert all diese Aspekte, darum ist es in einer Welt der vorkonfektionierten Speisen kein Relikt aus der Vergangenheit, sondern aktuell und lehr- und aufschlussreich. Allen, die daran mitgewirkt haben, danke ich und uns allen, die wir dieses Buch lesen und die Rezepte ausprobieren, wünsche ich interessante Einblicke und vor allem: guten Appetit!

Herford, im November 2013

Ihr
Christian Manz
(Landrat des Kreises Herford)

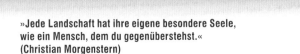

»Jede Landschaft hat ihre eigene besondere Seele,
wie ein Mensch, dem du gegenüberstehst.«
(Christian Morgenstern)

Herforder Bismarckturm

Der Wittekindskreis

Ob Arme Ritter, Blindhuhn oder Lappenpickert, das Leben im Wittekindskreis Herford ist ebenso vielfältig wie die Zutaten dieser alten, typisch ostwestfälischen Gerichte. Mittlerweile werden diese Gerichte nicht nur in altbekannten Eckkneipen serviert, sondern man findet sie hin und wieder auch auf der Speisekarte des einen oder anderen Spitzenrestaurants in der Region.

Nicht ohne Grund führt der Kreis Herford den Beinamen Wittekindskreis. Schon das Kreiswappen, ein schwarzes springendes Ross im silbernen Feld, ist auf das Engste mit dem legendären Sachsenherzog verbunden. Allerdings enden die zeitgenössischen Quellen im Jahre 785. Was danach entstand, ist ein Mythos aus Sagen und Legenden und derer gibt es viele. Bis in unsere Tage behaupten sie ihren Platz in der Tradition des Wittekindslandes und auch heutzutage trifft man noch überall auf den alten Sachsen. Wittekind oder Widukind ist Namensgeber für Straßen und Schulen. Firmen, Vereine, Gaststätten und Apotheken schmücken sich mit seinem Namen.

Die eigentliche Geschichte des Kreises Herford als administrative Einheit beginnt 1815. Es wurde die Königlich Preußische Regierung im Weserlande zu Minden gebildet und die Einteilung des Regierungsbezirks in Kreise verordnet. Alle ansehnlichen Städte mit derjenigen Umgebung, die mit ihren städtischen Verhältnissen in wesentlicher Berührung stehen, sollten eigene Kreise bilden. Bünde und Herford gelang der Aufstieg zur Kreisstadt, Vlotho scheiterte.

Im ersten Jahrzehnt nach seiner Gründung wurde der Kreis Herford von einer schweren Wirtschaftskrise getroffen. Am 1. November 1816, dem Geburtstag unseres Kreises, begann die Tätigkeit der Kreisverwaltungen. An der Spitze eines jeden Kreises stand ein vom König ernannter Landrat: Philipp von Borries in Bünde und Christoph Franz Wilhelm Haß in Herford. Diese erste Kreiseinteilung war nur eine provisorische. Schon bald regte die Regierung die Zusammenlegung kleinerer Kreise an. Am 1. Januar 1832 wurden die Kreise Bünde und Herford vereinigt, allerdings um den Preis der Abtretung einiger Bauernschaften an die Nachbarkreise Bielefeld, Lübbecke und Minden. Seitdem, also seit über 175 Jahren, hat sich der Gebietsbestand des Kreises Herford nicht mehr grundlegend verändert. Als Sitz der Kreisverwaltung gab man der größten kreisangehörigen Stadt Herford den Vorzug vor dem zentraler gelegenen Bünde. Landrat von Borries wurde nach Herford versetzt. Bis 1933 bekleideten Mitglieder seiner Familie in ununterbrochener Reihenfolge das Amt des Herforder Landrates.

Das Dammhaus gehörte einst zum Rittergut Bustedt. Jetzt bereichert es die Bünder Museumsinsel und ist als Standesamt sehr begehrt.

Widukinddenkmal in Herford

Ein nachhaltiger wirtschaftlicher Aufschwung begann erst mit dem Entstehen neuer Industriezweige ab 1860. Eine herausragende Rolle spielte die Tabakindustrie. Sie konzentrierte sich auf das nordwestliche Kreisgebiet mit der Zigarrenstadt Bünde als Zentrum und beschäftigte hier in ihren Goldenen Jahren vor dem Ersten Weltkrieg mehr als 12 000 Menschen. Nach ihrem Niedergang in den 50er und 60er Jahren des 20. Jahrhunderts spielt sie heute als Erwerbszweig keine Rolle mehr. Anders verhält es sich mit der Holz verarbeitenden Industrie. Die erste Möbelfabrik im Kreis wurde 1861 in Herford gegründet. Bis vor wenigen Jahrzehnten prägten größere und kleinere Möbelbuden das Ortsbild so mancher Gemeinde. Nach dem Zweiten Weltkrieg fanden hier viele Vertriebene – 1949 gehörte fast jeder vierte Einwohner des Kreises dieser Bevölkerungsgruppe an – einen Arbeitsplatz. Die Möbelindustrie ist nach wie vor für die Wirtschaft im Kreis Herford von großer Bedeutung. Jede dritte in Europa hergestellte Küche stammt aus dem Kreis Herford.

Auch das Element Wasser ist im Wittekindsland zuhause. Die Weser fließt in einem großen Bogen durch Vlotho und auch sonst findet man im Wittekindsland viele kleine Oasen und Bachläufe.

In unserer Region gibt es viele Menschen, die zupacken können und wollen und denen ihr Lebensumfeld nicht gleichgültig ist. Schon deswegen lohnt es, das Wittekindsland mit seinen Traditionen, Land und Leuten kennenzulernen.

Quelle: Stadt Herford

Torhaus der Werburg in Spenge

Bunter Nudelsalat

500 g bunte Nudeln	bissfest kochen, abtropfen lassen.
1 Bund Frühlingszwiebeln	waschen, putzen und in feine Ringe schneiden.
100 g getrocknete Tomaten	
100 g entsteinte grüne Oliven	und
100 g entsteinte schwarze Oliven	klein schneiden.
50 g eingelegte Knoblauchzehen	fein würfeln.
250 g Cocktail-Tomaten	vierteln und alles in eine Schüssel geben.
4 EL Olivenöl	
2 EL Balsamico-Essig	
Salz, Pfeffer	
Zucker	und
Cayennepfeffer (nach Geschmack)	zu einem Dressing verrühren und unter die Nudeln mischen. Zum Schluss
6 Basilikumblättchen	klein schneiden und über den Salat streuen.

12

Lyrik im Garten

Erdbeer-Carpaccio

250 g Erdbeeren	waschen, gut trocknen, den Blütenansatz entfernen und längs feinblättrig aufschneiden. Auf je einem Teller blütenförmig drapieren. Mit
2 EL Holunder-Balsamico-Essig (Rezept S. 175)	beträufeln, etwas
Pfeffer aus der Mühle	über die Erdbeeren reiben.
50 g Parmesan	über die Erdbeeren hobeln, mit
Zitronenmelisse	anrichten.

Tagesfrische Erdbeeren direkt vom Feld sind qualitativ am besten.

Fenchelrohkost mit Obst

13

1 Fenchelknolle	halbieren, den Strunk herausschneiden und die Knolle in hauchdünne Streifen schneiden.
1 Apfel	
1 Birne	und
1 Orange	schälen, entkernen, in Würfel schneiden. Alle Zutaten miteinander vermengen. Den Saft von
1 Zitrone	mit
1 EL Zucker	
etwas Salz	
1 TL Senf	
1 EL Wasser	und
4 EL Öl	verrühren und mit dem Salat vermischen.

Gartenfenchel

Feldsalat mit Orangen und Walnüssen (für 10 Personen)

3 Pck. Feldsalat à150 g	verlesen, waschen, abtropfen lassen, in eine ausreichend große Schüssel geben.
3 Orangen	schälen, filetieren und in kleinen Stücken dazugeben.
250 g Walnüsse	fein hacken und zugeben.
3 Frühlingszwiebeln	klein schneiden, mit
Salz, Pfeffer	würzen und alles dazugeben. Für das Dressing
4 EL Balsamico (weiß)	
4 EL Öl (am besten Walnussöl)	
6 EL Honig	und
6 EL Orangensaft	gut mischen. Erst kurz vor dem Servieren (damit nicht alles zusammenfällt) über den Salat geben und nochmals mischen.

14

Eignet sich als Vorspeise oder Beilage.

Widukind Museum mit Stiftskirche

Stiftskirche Enger, hier soll Herzog Widukind begraben sein.

Widukind

Erzählt von Heidrun Diekmann

Nach 1200 Jahren sind nur wenige historische Figuren und Legenden-gestalten auch heutigen Generationen so lebendig wie Widukind, der berühmte Sachsenführer im Krieg gegen Karl den Großen. Besonders in Ostwestfalen, im »Wittekindsland« zwischen Enger, Herford und Min-den ist die Erinnerung sehr ausgeprägt.

Nach einer Überlieferung gab es bei einem Treffen zwischen dem Sach-senherzog Widukind und Kaiser Karl dem Großen, der die Sachsen zum christlichen Glauben bekehren wollte, einen heftigen Streit über die jeweils unterschiedlichen Glaubenslehren. Im Verlauf der Auseinan-dersetzung verlangte Widukind von Karl dem Großen ein Zeichen zum Beweis seines christlichen Glaubens. Nach einer verlorenen Schlacht der Sachsen gegen die Franken irrte Widukind hungrig und durstig durch den Wald und suchte nach einem Zeichen, welche religiöse Lehre nun die Richtige ist. Sollten die Christenmenschen doch recht haben? Da scharrte sein Pferd heftig mit den Hu-fen und legte eine Quelle frei. Durch dieses Quellwunder, soweit die Sage, war Widukind so beeindruckt, dass er sich dem Frankenkönig unterwarf, zum Christentum übertrat und sich taufen ließ. Das ist alles, was man sicher über den Herzog weiß, alles andere ist ein Mythos, der sich über die Jahrhunderte fortsetzte.

Jede Zeit machte sich ein eigenes Bild der Widukindgestalt. Der Mythos um den Sachsen-könig ist ungebrochen. In Enger, wo der Sachsenherzog auch begraben sein soll, gibt es das »Widukind Museum«. Dort erlebt man eine Zeitreise durch die Jahrhunderte und den damit verbundenen Wandel der Legenden um den berühmten Mann. Außerdem lädt das Museum zu Stadtführungen mit spannenden und vergnüglichen Geschichten rund um den großen Sachsenführer ein, manchmal allerdings durchaus mit einem Augenzwinkern. Auch der Beweis dafür, dass Widukind in der Engeraner Stiftskirche begraben sein soll, wurde bisher nicht wissenschaftlich erbracht. Die Vermutung stützt sich auf Indizien in diesem über Jahrhunderte dauernden »Widukind-Knochenkrimi«. Im Widukind Museum ist ein modernes anthropologisches Forschungslabor aufgebaut, dass den Besuchern Einblick in die Untersuchung historischer DNA gewährt. Viele technische Hilfsmittel sind den Besuchern bei der Lösung des »Widukind-Knochenkrimis« behilflich.

Rekonstruktion der Ausgrabung
in der Stiftskirche in Enger

Fruchtiger Sommersalat

½ Kopf Eisbergsalat	waschen und klein schneiden.
1 reife Mango	schälen, das Fruchtfleisch vom Stein lösen und würfeln.
250 g Salatgurke	schälen, längs halbieren, entkernen und würfeln.
150 g Honigmelone	schälen, entkernen, das Fruchtfleisch würfeln.
4 Frühlingszwiebeln	waschen, putzen, schräg in dünne Ringe schneiden.
1 mittelgroße rote Chilischote	waschen, halbieren, entkernen, in sehr feine Streifen schneiden.
1 Bund Petersilie	waschen, fein hacken. Nun alle Zutaten miteinander vermischen. Für die Salatsauce
3 Limetten	auspressen, den Saft mit
2 TL Honig	und
Salz, Pfeffer	abschmecken, mit
6 EL Öl	verrühren und über die vorbereiteten Zutaten gießen.

Zur Verfeinerung können noch 250 g Shrimps hinzugefügt werden.

Eine ländliche Liebeserklärung in Herford

Kopfsalat aus dem eigenen Garten

Judasohren-Salat

120 – 150 g frische Judasohren (Mu-Err Pilze)	putzen, weich kochen und abkühlen lassen.
2 EL Essig	
4 EL Wasser	
1 EL helle Sojasauce	
1 gestr. TL Salz	
1 geh. TL Zucker	leicht erwärmen und rühren, bis alles aufgelöst ist. Mit
Pfeffer (schwarz)	würzen.
1 Knoblauchzehe	fein hacken und in die Marinade geben. Nach Geschmack mit
½ Chilischote (sehr fein gewürfelt)	abschmecken.
2 Frühlingszwiebeln	in Ringe schneiden und
½ rote Paprikaschote	in kleine Würfel schneiden. Beides mit den Judasohren vermischen. Die Marinade und
2 EL Sesamöl	dazugeben und nochmals gut durchmischen. Im Kühlschrank mindestens 2 Stunden durchziehen lassen.

17

> Judasohren ist der deutsche Name der chinesischen Mu-Err Pilze.
> Sie wachsen an Holunderstämmen. Falls getrocknete Pilze verwendet
> werden (ca. 20 g), diese vorher einweichen.

Pilzzeit

Bunter Gartentisch

Krautsalat à la Margret

½ Kopf Weißkohl	fein hobeln.
1 kleine Zwiebel	reiben und zufügen.
100 ml Rapsöl	mit
200 ml Zitronenessig	und
180 g Zucker	aufkochen,
1 TL Senfkörner	hinzufügen und die Flüssigkeit heiß über den Weißkohl gießen. Abkühlen lassen.

Mischt man Möhre oder Paprikaschote unter, hat man einen bunten Krautsalat.

Das berühmte Seekuh-Skelett aus der etwa 30 Millionen Jahre zurückliegenden Oligozän-Zeit, das im Doberg gefunden wurde. Heute steht es im Doberg-Museum in Bünde.

18

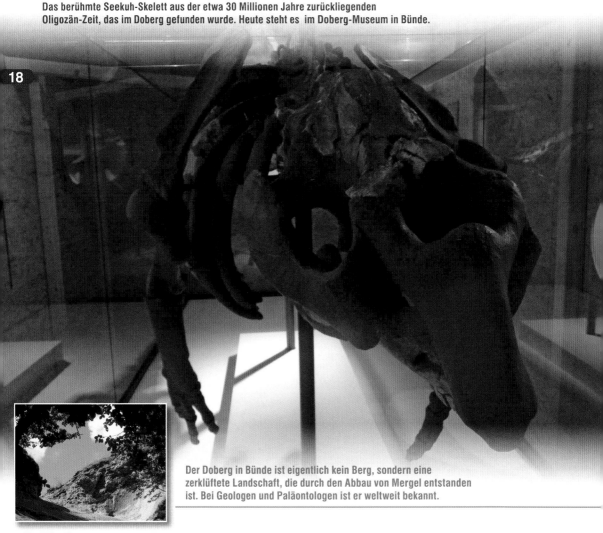

Der Doberg in Bünde ist eigentlich kein Berg, sondern eine zerklüftete Landschaft, die durch den Abbau von Mergel entstanden ist. Bei Geologen und Paläontologen ist er weltweit bekannt.

Nudelsalat mit getrockneten Tomaten

500 g Nudeln (Farfalle)	bissfest garen, abgießen und abtropfen lassen.
100 g getrocknete Tomaten	mit kochendem Wasser übergießen. 15 Minuten ziehen lassen, dann abgießen, ausdrücken, klein schneiden und zu den Nudeln geben.
4 EL Olivenöl	
5 EL Balsamico-Essig	
1 EL Senf	
1 EL Honig	
1 TL Oregano	und
1 TL Zucker	mischen, mit
Salz, Pfeffer	abschmecken und mit
250 ml Gemüsebrühe	über die Nudeln geben. Nun noch
200 g entsteinte schwarze Oliven	und
200 g Rucola	klein schneiden und unter die Nudeln heben.

19

Museum Bünde

Naturschutzgebiet mitten in Bünde

Marinierte Möhren

500 g Möhren	waschen, schälen und im Ganzen in
500 ml Wasser	mit
½ TL Salz	bissfest kochen. Abtropfen und etwas auskühlen lassen, vierteln und in etwa 3 cm lange Spalten schneiden.
3 Knoblauchzehen	fein hacken und zugeben. Aus
4 EL Balsamico (dunkel)	
1 Prise Salz	
1 Msp. Cayennepfeffer	
½ TL frischer Oregano (oder 1 Prise getrockneter Oregano)	und
6 EL Olivenöl	eine Marinade zubereiten und mit den Möhren vermischen. 24 Stunden ziehen lassen.

> Als Beilage zum Grillen
> oder auf dem Buffet.

20

Weithin sichtbar: die Liesbergmühle,
das Wahrzeichen von Enger

Alter Leiterwagen

Bunter Linsensalat

100 g rote Linsen	und
100 g schwarze Linsen	bissfest kochen. Beide Sorten sofort mit kaltem Wasser abkühlen.
1 kleiner Apfel	waschen, entkernen, in Stücke schneiden.
150 g Salatgurke	waschen, halbieren, entkernen und in Stücke schneiden.
5 Frühlingszwiebeln	waschen, putzen, in feine Ringe schneiden.
15 entsteinte schwarze Oliven	halbieren,
2 Knoblauchzehen	fein hacken,
100 g Schafskäse	würfeln,
1 EL Petersilie	hacken und
½ TL Kreuzkümmel	zerstoßen. Alle Zutaten in einer Schüssel mischen.
5 EL Olivenöl	
2 EL Balsamico-Essig	
1 TL Senf	und
2 TL Honig	miteinander verrühren und über den Salat geben. Gut durchmischen, mit
Salz, Pfeffer	abschmecken und durchziehen lassen.

21

> Rote und schwarze Linsen getrennt kochen.
> Der Salat schmeckt am besten frisch zubereitet.

Warmer Apfelsalat
mit Walnuss-Kräuter-Dressing

Das Dressing

6 Walnüsse	fein hacken. Die Nüsse mit
6 EL Walnussöl	
1 EL Zitronensaft	
½ Bund Schnittlauch (in Röllchen)	
2 TL Estragon	
2 TL Pimpinelle (wenn vorhanden)	
½ Bund Petersilie	hacken und mit
1 EL Zucker	gut vermischen, mit
Pfeffer, Salz	abschmecken.

22

Die Äpfel

4 mittelgroße Äpfel (z.B. Boskop)	schälen, entkernen, in Achtel und dann in Scheiben schneiden. In
2 EL Butter	leicht anbräunen.
2 EL Zucker	zugeben und karamellisieren lassen. Zum Servieren mit
2 EL Preiselbeeren	anrichten und mit dem Dressing beträufeln.

Schlittschuhvergnügen
auf dem Hücker Moor –
im Hintergrund das Wiehengebirge

Blick vom Wiehengebirge auf Bünde

Der Schatz im Wiehengebirge

Ein Schäfer führte seine Herde im Wiehengebirge. Da sah er drei seltsame Blumen, wie er sie noch nie in der Gegend gesehen, ähnlich wie Lilien. Er pflückte sie. Am folgenden Tage fand er an der gleichen Stelle wieder drei gleiche Blumen. Er brach auch sie. Siehe da, am anderen Morgen waren an der gleichen Stelle wieder drei Blumen aufgeblüht. Er brach sie und ließ sich dann in der Mittagsschwüle am Abhang nieder. Da erschien ihm eine schöne Jungfrau. Sie wies ihm einen Eingang in den Hügel, der war mit einer eisernen Tür verschlossen. Sonst hatte er dergleichen an dieser Stelle noch nie gesehen. Die Jungfrau hieß ihn, das mächtige Schloss des eisernen Tores mit den Blumen zu berühren. Kaum tat er das, da sprang das Tor auf. Er sah in einen dunklen Gang, an dessen Ende schimmerte ein Licht. Die Jungfrau ging voran. Der Schäfer folgte und kam durch Dunkelheit in ein erleuchtetes Gewölbe.

Die Helligkeit des Gewölbes kam von Gold, Silber, kostbar geschmiedetem Gerät und unzähligen Edelsteinen, die auf Tischen, in Fächern und an den Wänden aufgereiht waren. Unter einem Tisch lag ein schwarzer Hund. Er knurrte, riss sein Maul weit auf und fletschte die Zähne. Als er aber die Blumen in der Hand des Schäfers sah, wurde er still und verzog sich unter den Tisch. Weiter hinten im Gewölbe schlief ein Mann von edlem Ansehen.

Lange bestaunte der Schäfer die Pracht. Da sprach die Jungfrau zu ihm: »Nimm, was dir gefällt, aber vergiss das Beste nicht!« Da legte er die Blumen auf den Tisch und wählte aus den Schätzen, was ihm das Beste schien und was er nur eben fassen konnte. Als er die kalten blitzenden Schätze in seinen braunen Händen hielt, da wurde ihm plötzlich unheimlich zumute und er wollte das Gewölbe eiligst verlassen. Nochmals rief ihm die Jungfrau zu: »Vergiss das Beste nicht!« Da blieb er stehen, blickte zurück, suchte und wählte erneut, ließ manches fahren, um anderes zu ergreifen, was ihm das Beste schien. Die Blumen ließ er unbeachtet liegen.

Dann ging er, mit Schätzen beladen, durch den dunklen Gang zurück ans Tageslicht. Eben trat er aus dem Dunklen ans Licht, da fiel das Eisentor hinter ihm mit solcher Gewalt zu, dass ihm die Ferse abgeschlagen wurde.

Hinfort lebte er viele Jahre in großem Wohlstand. Den Eingang hat er nie wieder gefunden, seine Ferse ist auch nie wieder heil geworden. Bis zu seinem Tode sah man ihn nicht anders als mit einem schwärenden Hinkefuß. Das Beste war in der Tiefe zurückgeblieben: die Blumen, die er auf seiner einsamen Weide gefunden hatte.

Quelle: Westfälische Sagen, Diederichs, Düsseldorf in: Schulbuch »Auf großer Fahrt ins Heimatland / Ein Lesebuch für das 3. und 4. Schuljahr« von Bagel-Schoedel

23

Blick auf das herbstliche Wiehengebirge in Rödinghausen

Überbackener Schafskäse

400 g Schafskäse	in eine Auflaufform legen.
4 EL Olivenöl	
2 TL Kräuter der Provence	und
1 TL Basilikum	miteinander verrühren, mit
Salz, Pfeffer	würzen und darüber verteilen.
4 Tomaten	und
je 2 rote und gelbe Paprikaschoten	waschen, entkernen und klein würfeln.
2 mittelgroße Zwiebeln	putzen, in kleine Würfel schneiden und mit den Tomaten und den Paprika ebenfalls in der Auflaufform verteilen.
2 grüne Peperoni	waschen, entkernen. Mit
2 Knoblauchzehen	sehr fein schneiden und auf dem Gemüse verteilen. Im Backofen 15 Minuten bei 180 °C überbacken.

24

Ist schnell zubereitet, schmeckt besonders gut zu Pumpernickel oder zu Kräuterbrot (Rezept Seite 137).

Herzliche Gartengrüße

»Mein Garten ist ein langsam werdendes Werk, an dem ich mit Liebe arbeite.«
(Claude Monet)

Schichtsalat
mit Thunfisch-Sauce (für 10 Personen)

½ Kopf Eisbergsalat	vierteln, in Streifen schneiden.
5 Tomaten	in dünne Scheiben schneiden.
300 g geräucherte Putenbrust	würfeln.
5 Eier	hart kochen und in Scheiben schneiden.
1 kleine Salatgurke	schälen und würfeln. Alle Zutaten in dieser Reihenfolge in eine große Schale schichten.
1 große Stange Porree	waschen, in feine Ringe schneiden, in
Salzwasser mit etwas Pfeffer	blanchieren, abtropfen lassen und auf den Salat geben.
1 Dose Thunfisch (195 g Füllmenge)	mit der Flüssigkeit pürieren. Die Masse mit
2 Knoblauchzehen (fein gewürfelt oder durchgepresst)	
250 g Salatcreme	
2 EL Zitronensaft	
Salz	und
200 g Schmand	verrühren, alles über den Salat geben und 12 Stunden durchziehen lassen.

25

Büste im Geraniumtraum

Die Wächter des Gartens

Balkan-Eintopf

750 g Schweinenacken	würfeln, in einem Topf in
3 EL Öl	anbraten.
500 g Zwiebeln	würfeln.
2 Knoblauchzehen	abziehen, zerdrücken und beides zufügen.
400 g Tomaten aus der Dose	abgießen, Saft auffangen und die Tomaten klein schneiden.
375 g Auberginen	und
je 1 rote, gelbe und grüne Paprikaschote	in kleine Würfel schneiden. Alles Gemüse zum Fleisch geben.
500 ml Wasser	mit Tomatenstücken und -flüssigkeit zugeben, mit
1 TL Zucker, Salz, Pfeffer	abschmecken, 20 Minuten garen.
125 g Reis	unterrühren, 30 Minuten quellen lassen.
1 Bund Thymian	klein schneiden und unterheben. Mit
1½ EL Paprikapulver (edelsüß)	abschmecken.

26

Blumenkohlsuppe mit Räucherfisch

250 g mehlig kochende Kartoffeln	schälen und grob würfeln.
500 g Blumenkohl	putzen, in Röschen teilen und mit den Kartoffeln in
30 g Butter	andünsten.
1 l Gemüsebrühe	angießen, alles 20 Minuten kochen lassen und dann pürieren.
150 g getrocknete Champignons	zerbröseln, dazugeben und mit
Salz, Pfeffer	und
5 Tropfen Tabasco	abschmecken.
150 g geräucherte Forellenfilets oder Räucherlachs	grob zerkleinern,
2 Frühlingszwiebeln	in Ringe schneiden. Beides zur Suppe geben und servieren.

Das Glück liegt auf dem Rücken der Pferde.

Hokkaido-Kokos-Suppe

750 g Hokkaido-Kürbis	waschen, in Spalten schneiden, Kerne und Fasern entfernen, das Fruchtfleisch würfeln.
1 Zwiebel	und
1 Knoblauchzehe	würfeln. Kürbis, Zwiebeln und Knoblauch in
4 EL Öl	anschwitzen. Mit
½ TL Ingwerpulver	und
½ TL Currypulver	bestäuben.
60 g Kokosraspel	und
800 ml Gemüsebrühe	zugeben, 15 Minuten kochen, alles fein pürieren. Nun
200 ml Sahne	zugießen und mit
1 TL Zucker	und
Salz	würzen, weitere 10 Minuten köcheln lassen.
100 g Schmand	cremig rühren und zufügen.
1 Bund Petersilie	fein hacken und die Suppe damit garnieren.

27

Hokkaido-Kürbis kann mit Schale verwendet werden.

Bunte Kürbispracht
im Herbst

Kürbissuppe (für 6 bis 8 Personen)

1,2 kg Kürbis	schälen, Kerne entfernen, würfeln.
1 Zwiebel	und
1 Knoblauchzehe	hacken und beides in
30 g Butter	andünsten. Kürbis zugeben und einige Minuten anschwitzen.
2 l Brühe	auffüllen, mit
Salz, Pfeffer	abschmecken und 20 Minuten köcheln lassen. Die Suppe pürieren und
300 g Frischkäse	unterrühren.
120 g Frühstücksspeck in Scheiben	kross anbraten und kleinbröseln.
50 g Kürbiskerne	rösten. Speckstückchen und Kürbiskerne zum Servieren in die Suppe geben.

> Einen reifen Kürbis erkennt man daran, dass er hohl klingt, wenn man daran klopft. Unbeschädigt ist er monatelang haltbar.

28

Blick vom Rathausturm auf Herford

Nudeleintopf

2 Zwiebeln	fein hacken, in
4 EL Rapsöl	anschwitzen.
500 g gemischtes Hackfleisch	hinzufügen und anbraten.
600 g Mischgemüse (Möhren, Zucchini, Tomaten, Paprika)	klein würfeln und zum Fleisch geben. Mit
Salz, Pfeffer	
½ TL Paprikapulver	und
3 EL Tomatenmark	würzen.
1 l Brühe	angießen und dann
250 g Gabelspaghetti	hinzufügen und 15 Minuten köcheln lassen. Vor dem Servieren
200 g Schmand	unterheben.

Linseneintopf

1 mittelgroße Zwiebel	schälen, fein würfeln.
750 g festkochende Kartoffeln	schälen, in feine Würfel schneiden.
2 Möhren	putzen, in feine Scheiben schneiden.
2 EL Olivenöl	in einem Topf erhitzen und die Zwiebeln darin glasig dünsten. Die Kartoffeln und die Möhren dazugeben und unter ständigem Rühren 2 Minuten weiter dünsten. Mit
1 l Gemüsebrühe	ablöschen und 10 Minuten kochen.
530 g Linsen aus der Dose	mit Flüssigkeit zugeben und nochmals 5 Minuten kochen. Mit
Salz, Pfeffer	würzen.
100 ml pürierte Tomaten	unterrühren und
½ TL Bohnenkraut	darüberstreuen. Kurz vor dem Servieren
150 ml Sahne	dazugeben, dabei nicht mehr köcheln lassen.

Als Einlage eignen sich Bockwürstchen oder Sojawürstchen.

Turmbläser auf dem Rathaus in Herford

Eine Reise nach Sambia in das Herz von Afrika

Von Mareike Hübner

»Ihr fliegt nach Limulunga, nach Afrika?« Diese Frage wurde meinem Mann und mir oft gestellt. Ich konnte es selber kaum glauben. Aber endlich, nach langer Planung war es soweit. Zusammen mit einem befreundeten Ehepaar, das sich ehrenamtlich im Verein Limulunga e.V. engagiert, unternahmen wir eine eindrucksvolle Reise nach Afrika. Der Verein Limulunga e.V. betreut ein Waisenprojekt in Sambia.

Nach einer abenteuerlichen Anreise quer durch Sambia kamen wir an unserem Ziel in Limulunga an. Wir waren Gäste des Gründerehepaares des Waisendorfes in Limulunga, einem Deutschen und seiner sambischen Ehefrau.

Das Waisendorf trägt den Namen Liyoyelo, was so viel bedeutet wie: Ort der Hoffnung, der Zuflucht, des Überlebens. Sambia hat etwa 13 Millionen Einwohner. Eine Million davon sind Aids-Waisen, das heißt Kinder, die ihre Eltern durch Aids verloren haben. Die Mutter der sambischen Gründerin hat das Gelände für das Waisendorf zur Verfügung gestellt. Sie selbst hat fünf ihrer Kinder und deren Partner durch Aids verloren und musste somit sieben Enkelkinder und vier Urenkel alleine erziehen. Dies gab 2003 auch den Ausschlag, ein Waisendorf zu gründen.

Der Empfang, den die Mädchen uns bereiteten, hat uns sehr berührt. Zur Begrüßung wurde gesungen und die Dankbarkeit, dass sie im Waisendorf leben können, war dabei deutlich zu spüren. Wir hatten für alle Kinder Geschenke und Briefe von ihren Paten aus Deutschland mitgebracht. Die Freude darüber war groß, und gemeinsam mit den Mädchen versuchten wir, die neuen Spiele auszuprobieren.

Zur Zeit leben 24 Mädchen in Liyoyelo. Sie schlafen jeweils mit sechs oder acht Mädchen und einer Hausmutter zusammen in einem Haus. Das jüngste Mädchen ist fünf Jahre, das älteste ist 19 Jahre alt. Sie gehen auf unterschiedliche Schulen in Limulunga. Dies ist nicht für alle Kinder in Sambia möglich, viele Eltern können sich nicht einmal die Schulbücher leisten. Die Mädchen können so lange in Liyoyelo leben, bis sie einen Beruf erlernt haben und auf eigenen Füßen stehen. Auch alte Frauen, deren Kinder gestorben sind und keine Familie mehr haben, werden in Liyoyelo aufgenommen.

Gekocht wird in separaten Kochhütten, in denen sie gemeinsam ihre Mahlzeiten einnehmen. Die Nahrung der Sambier besteht hauptsächlich aus Maisbrei, Nshima genannt. Dazu gibt es Sauce oder Gemüse. Der Brei wird mit den Fingern gegessen. Das probierten auch wir, aber mit wenig Erfolg. Unsere Finger waren total verklebt. Zum Glück gab es ja auch Messer und Gabel.

In Liyoyelo arbeiten ein Sozialarbeiter, ein Manager, ein Nachtwächter und mehrere Hausmütter. Von dem, was sie in Liyoyelo

Das Mehl für den täglichen Bedarf wird lose verkauft.

verdienen, lebt ihre gesamte Familie. Das Waisendorf und auch die Gehälter der Mitarbeiter werden nur aus Spenden finanziert, es gibt keine staatlichen Fördermittel. Wir konnten uns davon überzeugen, dass die Spendengelder vor Ort sinnvoll verwendet werden, und sind froh darüber, dass diese Kinder wie in einer Familie aufwachsen können.

Während unseres Aufenthaltes in Limulunga haben unsere Ehemänner mit Dorfbewohnern einen Wassertank angeschlossen. Dadurch wird die Wasserversorgung auf Dauer gesichert. Es gestaltete sich schwierig, Material zu bekommen, und so mussten die beiden viel improvisieren.

Nachdem wir fast eine Woche die herzliche Gastfreundschaft genießen durften, hieß es Abschied nehmen. Die Mädchen sangen und tanzten noch einmal für uns, und es war beeindruckend, ihre Lebensfreude zu spüren.

Für uns ist Sambia ein Land mit traurigen, aber auch sehr schönen Seiten. Wir werden sicher noch einmal dorthin reisen. Und auf jeden Fall werden wir dann wieder die Mädchen in Limulunga besuchen. Wir sind schon gespannt, was dann aus ihnen geworden ist in Liyoyelo, dem Ort der Hoffnung und Zuflucht.

Waisenmädchen im Dorf Liyoyelo

Angebot auf dem Markt in Limulunga

Paprika-Pfirsich-Suppe

3 rote Paprikaschoten	waschen, entkernen und klein schneiden.
2 Knoblauchzehen	klein schneiden,
1 Chilischote	waschen, entkernen, fein würfeln,
1 Zwiebel	schälen, fein würfeln. Knoblauch, Chilischote und Zwiebeln in
2 EL Öl	andünsten. Paprika zugeben und mitdünsten. Mit
750 ml Hühnerbrühe	ablöschen.
8 Pfirsichhälften aus der Dose	abgießen, den Saft auffangen, die Pfirsiche dazugeben und etwa 15 Minuten garen, danach alles pürieren. Nun noch etwa 150 ml Pfirsichsaft und
2 EL Crème fraîche	unterrühren, mit
Salz, Pfeffer	abschmecken.
50 g Pinienkerne	ohne Fett in der Pfanne rösten, über die Suppe streuen und servieren.

Jahrmarkt in Bünde: Auch historische Figuren dürfen sich »amüsieren«.

Frühling in Bünde

Pizzasuppe (für 6 bis 8 Personen)

1 kg Thüringer Mett	in einer Pfanne scharf und krümelig anbraten und in einen großen Topf umfüllen.
1,2 kg gehackte Tomaten aus der Dose	zugeben.
3 rote Paprikaschoten	waschen, in Würfel schneiden.
800 g Pilze	in Scheiben schneiden. Beides ebenfalls dazugeben.
250 ml Zigeunersauce	
250 ml Chilisauce	
3 EL Gemüsebrühe (Instant-Pulver)	und
1 kg Tomatenpüree	zufügen und alles unter Rühren 8 bis 10 Minuten kochen.
200 ml Sahne	
200 g Knoblauch- oder Kräuter-Crème fraîche	und
250 g Schmelzkäse	unterrühren, großzügig mit
2 EL Pizzagewürz	
Salz, Pfeffer	
Basilikum	und
Oregano	abschmecken.

33

Dazu schmeckt Baguette oder Ciabatta.

Manchmal fährt noch eine alte Dampflok durch Bünde.

Schinken-Kartoffel-Suppe

500 g mehlig kochende Kartoffeln	schälen, fein würfeln.
250 g Kochschinken	fein würfeln.
2 Stangen Porree	putzen und in feine Ringe schneiden.
2 EL Butter	und
2 EL Öl	erhitzen, Kartoffeln, Schinkenwürfel und Porree 3 Minuten anbraten.
1 l Gemüsebrühe	angießen, aufkochen lassen und etwa 25 Minuten bei schwacher Hitze garen.
1 Banane	mit einer Gabel zerdrücken und mit
100 ml Sahne	zugeben. Mit
Salz, Pfeffer	
1 EL Curry	und
Cayennepfeffer	pikant abschmecken und mit
Schnittlauchröllchen	bestreuen.

34

Steckrüben-Geflügel-Eintopf

1 Zwiebel	würfeln und
1 Knoblauchzehe	hacken, mit
1 TL Curry	bestreuen und in
30 g Butter (zerlassen)	dünsten. Mit
750 ml Hühnerbrühe	ablöschen.
250 g Hühnerbrust	im Ganzen dazugeben und 20 Minuten kochen.
500 g Steckrüben	schälen, würfeln und
125 g Möhren	putzen, würfeln, beides dazugeben und weitere 20 Minuten kochen. Das Fleisch und etwa ein Viertel des Gemüses herausnehmen. Die Suppe pürieren, Fleisch klein schneiden und mit dem Gemüse wieder in die Suppe geben. Mit
Salz, Pfeffer	und
1 EL Zitronensaft	abschmecken.
100 ml Sahne	einrühren,
1 Bund Schnittlauch	in Röllchen schneiden und über die Suppe streuen.

35

Maisernte in Dünnerholz

Süßkartoffelsuppe

600 g Süßkartoffeln	und
20 g Ingwerwurzel	schälen, würfeln und in
50 g Rapsöl	anschwitzen.
800 ml Gemüsebrühe	hinzufügen und 20 Minuten garen.
1 EL milder Senf	
200 g Frischkäse	und
400 ml Milch	miteinander verrühren und unterheben. Mit
Salz, Pfeffer	abschmecken, alles schaumig pürieren.
Frisches Basilikum	klein schneiden, darüberstreuen und servieren.

Westfälische Ananassuppe

In Westfalen aß man nach dem Krieg aufgrund der Hungersnot sehr viele Steckrüben, die aber eigentlich als Schweinefutter angebaut wurden. Da man sich dieses Gemüse sehr schnell leid gegessen hatte, gab man der Steckrübe den wohlklingenden Namen »Lippische Ananas«, um die Notzeiten erträglicher zu machen. Heute wird eine »westfälisch/lippische Ananasspeise« wieder als Delikatesse gegessen.

1 kg Steckrüben	schälen, in grobe Würfel schneiden. Mit
2 Zweige Zitronenthymian	und
Salz	in
750 ml Gemüsebrühe	20 Minuten garen, anschließend pürieren. Mit
200 ml Sahne	und
250 ml Orangensaft	verfeinern und erwärmen. Die Suppe mit je einem von
4 EL Crème fraîche	auf Tellern anrichten und mit
Basilikum (frisch)	und nach Geschmack mit
Kümmelsamen	garnieren.

> Zur Suppe frisches Ciabatta-Brot reichen.

**Aquarelle auf Stromkästen in der Innenstadt von Vlotho:
»Der Alte« und »Kartoffelernte« symbolisieren die harte
Arbeit in der Landwirtschaft im vergangenen Jahrhundert.**

Das Kartoffellied der Woche

Unbekannter Verfasser

Montag weiß ich was ich koche,
es ist der erste Tag der Woche.
Montag gibt's Kartoffelbrei,
Speck und Zwiebeln mit dabei.

Dienstag möchte ich empfehlen,
müsst ihr die Kartoffel schälen.
Dienstag schmeckt ganz delikat,
die Kartoffel als Salat.

Mittwoch koch ich große Klöße,
alle von egaler Größe.
Mittwoch schmeckt ganz tadellos,
die Kartoffel nun als Kloß.

Donnerstag woll'n wir versuchen,
den Kartoffel-Reibekuchen.
Donnerstag steht auf dem Tisch,
Reibekuchen, kross und frisch.

Freitag brauch ich die Fritteuse,
dass ich darin Fett auflöse.
Freitag, ja, das ist kein Witz,
gibt's Kartoffel als Pommes frites.

Samstag isst ein jeder Stoffel
liebend gern die Bratkartoffel.
Samstags putzen alle weg
Bratkartoffel mit ganz viel Speck.

Und am 7. Tag der Woche
ich mal Salzkartoffeln koche.
Sonntag gibt es zum Mittagsmahl
Salzkartoffel ohne Zahl.

Die Kartoffelernte macht den Kindern Spaß.

Fenchel-Schinken-Nudelauflauf

750 g Fenchel	waschen, die grünen Stiele und den Wurzelansatz abschneiden, die zarten grünen Blättchen zur Seite legen. Die Knollen vom Grün zum Wurzelansatz halbieren und den festen Strunk keilförmig herausschneiden. Die Knollen in Wasser mit
1 Prise Salz	und
5 Zitronenscheiben	10 bis 15 Minuten zugedeckt garen. Sie sollen nur halbgar sein.
250 g Bandnudeln	in reichlich Wasser bissfest garen.
250 g Kochschinken	in Streifen schneiden. Eine Auflaufform mit
1 TL Butter	ausstreichen, abgetropfte Nudeln, in Scheiben geschnittenen Fenchel, Schinkenstreifen und
200 g geriebener Käse	schichtweise einfüllen (letzte Schicht Käse).
2 Eier	mit
200 ml Sahne	verquirlen. Mit
Salz, Pfeffer	würzen. Fenchelgrün fein hacken, untermischen und die Eiersahne über den Auflauf gießen. Im vorgeheizten Backofen auf der mittleren Schiene bei 180 °C etwa 30 Minuten überbacken.

38

In Rödinghausen haben die LandFrauen
schon ihre eigene Allee.

**Bauchtanzgruppe der
LandFrauen in Rödinghausen**

Filet-Auflauf mit Apfel-Curry

8 Äpfel	schälen, entkernen, in dünne Scheiben schneiden. Die Hälfte der Apfelscheiben in eine leicht gefettete Auflaufform geben.
1 kg Schweinefilet	in Scheiben schneiden, in
50 g Butter	braun anbraten und über die Äpfel verteilen. Darüber die andere Hälfte der Apfelscheiben geben.
750 ml Sahne oder Kochsahne	mit
140 g Tomatenmark	verrühren.
3 EL Curry	unterrühren und die Sauce über die Filet- und Apfelscheiben gießen.
250 g Käse (gerieben)	darüberstreuen. Im Backofen bei 180 °C (Umluft) 45 Minuten zugedeckt und die letzten 10 Minuten offen garen.

> Als Beilage eignen sich Reis, Nudeln, Kartoffeln oder Baguette.

39

Krabben-Kartoffel-Auflauf

600 g Kartoffeln	mit Schale kochen, pellen und grob raspeln.
200 g TK-Erbsen	und
200 g Krabben, frisch oder aus der Dose	dazugeben.
3 Eier	trennen, die Eigelbe und
100 g saure Sahne	zu der Kartoffelmasse geben. Mit
Salz, Pfeffer aus der Mühle	und
1 EL Dill (gehackt)	würzen. Das Eiweiß zu steifem Schnee schlagen und locker unterheben. Die Masse in eine gefettete Form (Ø 18 cm) geben und im vorgeheizten Backofen bei 200 °C auf der mittleren Schiene 25 bis 30 Minuten backen.

> Dazu passt ein Gurkensalat. Wer keine Krabben mag, kann stattdessen auch Kochschinken nehmen.

Grünkohlauflauf
(Ostwestfälischer Palmwedel)

1,5 kg frischer Grünkohl (oder 1 kg TK-Grünkohl)	waschen, verlesen und klein schneiden.
1 Zwiebel	schälen, würfeln und in
50 g Butterschmalz	andünsten. Den gut abgetropften Grünkohl zugeben und
125 ml Fleischbrühe	angießen. Das Gemüse bei geringer Hitze 1 Stunde köcheln.
1 kg mehlig kochende Kartoffeln	waschen, schälen, würfeln, in Salzwasser 25 Minuten garen. Anschließend stampfen oder durch die Kartoffelpresse drücken.
250 ml Milch	und
50 g Butter	erwärmen, zu den Kartoffeln geben und ein Püree zubereiten. Mit
Salz, Pfeffer	und
1 Prise Muskat	abschmecken. Den gegarten Grünkohl abtropfen lassen und in eine große gefettete Auflaufform geben.
500 g Kasseler ohne Knochen	in 1,5 cm große Würfel schneiden und darüber verteilen. Das Kartoffelpüree als obere Schicht auf den Auflauf geben. Die Oberfläche dünn mit
2 EL Paniermehl	bestreuen und
2 EL Butter	in Flöckchen aufsetzen. Im Backofen 65 bis 70 Minuten bei 175 °C backen.

Besonders dekorativ sieht es aus, wenn man das Püree in einen Spritzbeutel mit Sterntülle füllt und Rosetten auf den Auflauf spritzt.

Ein unbekannter Gartenbewohner

Blocksbergfest

Von Rita Busch

Ein urtümliches Gohfelder Volksfest war das Blocksbergfest oder die Blocksbergfahrt in der Nacht vom 30. April zum 1. Mai. Der Ursprung lässt sich nicht mehr genau feststellen, die Überlieferung geht jedoch bis lange vor den Ersten Weltkrieg zurück.

Die Blocksbergfahrt verlief folgendermaßen: Aus den verschiedenen Ortsteilen machten sich von jungen Männern gezogene Ackerwagen auf den Weg, um die »Pflichtfahrer« abzuholen. Das waren Leute, die mit 30 Jahren und älter noch nicht verheiratet waren. Diese Personen wussten schon, was ihnen blühte: Entweder Freikauf mit einer Flasche Schnaps oder es ging mit dem »Flohwagen« zum Festplatz. In den 1930er Jahren und ab 1950 war das der Platz vor dem Gasthof Wegener.

Zur Vertreibung der bösen Geister erfolgte hier die »Hexenverbrennung«. An einem großen Holzgalgen hing eine verkleidete Strohpuppe, die nach einer kurzen Ansprache zum Blocksbergfest gegen 24 Uhr angezündet und verbrannt wurde. Mit dem Lied »Der Mai ist gekommen« – gespielt vom Musikverein – ging es dann weiter mit dem Tanz in den Mai.

Wenn die jungen Burschen sich nach ausgiebigem Feiern und Tanzen in den frühen Morgenstunden auf den Heimweg machten, fiel ihnen noch mancher Schabernack ein. Zum Beispiel wurden Gartentore ausgehängt und beim Nachbarn abgelegt.

Seit der Schließung von Wegeners Tenne findet der Tanz in den Mai jetzt jedes Jahr in der Werretalhalle statt – jedoch ohne Hexenverbrennung.

41

Liebliche Hügellandschaft in Vlotho

Türkischer Hackfleischauflauf mit Schafskäse (für 6 Personen)

750 g frische Champignons	putzen und in Scheiben schneiden.
3 rote Paprikaschoten	putzen, entkernen und in Streifen schneiden.
3 Knoblauchzehen	fein hacken.
1 kg Rinderhackfleisch	in
5 EL Öl	braun und krümelig braten. Die Hälfte der Champignons, die Paprikastreifen und den Knoblauch dazugeben und alles 5 Minuten anbraten.
450 g Crème fraîche	und
1½ TL Oregano (getrocknet)	einrühren und mit
Salz, Pfeffer	würzig abschmecken. Alles in eine feuerfeste Form geben und die restlichen Champignons darauf verteilen.
500 g Schafskäse	zur Hälfte würfeln, den Rest zerbröseln, über den Auflauf streuen. Bei 180 °C (Umluft) 20 bis 30 Minuten backen.

Dazu passt Tsatsiki, Fladenbrot und/oder Reis.

Kleiner Teich in Herford-Eickum am Bach Kinsbeke

Rotkohlauflauf

75 g Butter	aufschäumen.
800 g Hackfleisch	zugeben, krümelig braten.
3 Zwiebeln	fein hacken und
2 Äpfel	schälen, würfeln und beides dazugeben. Alles 8 Minuten garen. Mit
Salz, Pfeffer	abschmecken.
200 g Crème fraîche	zugeben und 1 Minute kochen lassen.
850 g Rotkohl aus dem Glas	in eine gefettete Auflaufform füllen und mit dem Hackfleisch bedecken. Mit
40 g Semmelbrösel	bestreuen und im Backofen bei 200 °C etwa 30 Minuten garen.

Rouladenauflauf

5 Zwiebeln	in Scheiben schneiden.
400 g Champignons aus der Dose	abtropfen lassen, evtl. in Scheiben schneiden.
100 – 125 g Frühstücksspeck oder Bacon	würfeln und alle Zutaten zur Seite stellen.
250 ml Steaksauce	
1 – 2 EL Tomatenmark	
2 leicht gehäufte EL Speisestärke	und
200 ml Sahne	zu einer Sauce verrühren. Eine Auflaufform fetten und abwechselnd mit
6 Rinderrouladen (à ca. 175 g)	dem vorbereiteten Gemüse und dem Speck einschichten. Die erste und die letzte Schicht sollten Sauce und Speck sein. Im vorgeheizten Backofen bei 170 °C (Umluft) 2 Stunden backen. Nach 50 bis 60 Minuten Backzeit mit Alufolie abdecken und weiter garen.

Dieses Gericht kann man gut und schnell vorbereiten, daher auch ideal zur Gästebewirtung.

Wanderweg im Herforder Ortsteil Eickum

Westfälischer Auflauf
mit Kasseler und Johannisbeeren

3 Scheiben Pumpernickel	zerbröseln und mit
1 Glas Korn (2 cl)	vermischen.
50 g Butter	und
50 g Zucker	vermischen, schaumig rühren.
2 Eier	trennen, die Eigelbe sowie
Salz	und
1 TL Rübenkraut	hinzufügen. Pumpernickelbrösel unterrühren. Das Eiweiß steif schlagen und unter die Masse heben. Das Ganze in eine gefettete und mit etwas
Mehl	bestäubte kleine Auflaufform füllen. Bei 200 °C etwa 30 Minuten backen.
200 ml Sahne	steif schlagen und
150 g frische Johannisbeeren	untermischen.
400 g Kasseler Bratenaufschnitt	bereitstellen. Den Auflauf auf einer Scheibe Bratenaufschnitt garniert mit einem Tupfer der Johannisbeersahne servieren.

44

Außerhalb der Saison können Johannisbeeren durch Johannisbeergelee ersetzt werden.

Die Else auf dem Weg zur Werre

Dat Foibathermometa

Wilma liggt ubbn Sofa un es an'n Jammern.

»Oach Willem ek häbbe joa soanne Biukpuine, ek gloibe, ek häbbe Kaluik. Diu moss schwanke den Dokta hal'n.

Willem also up suin Rad un giegen dän Wuind an noan Dokta hän. Nachts ümme halfoene kümmt hoi doa an un kloppt wie wild an't Finster. Kochte Tuit läder stoet de Dokta inner Düer.

»Willem, was willst du denn mitten in der Nacht?«

»Ach, Herr Dokta, muine Wilma hät seo förchtalig »Kalluik« odda wie dat hett. Soe mutt seobutz kuomen.«

Der Doktor ist natürlich nicht begeistert.

»Aber Willem, ich kann doch nicht so einfach mitkommen, ich muss doch wenigstens wissen, ob deine Frau Fieber hat. Fahr erst mal wieder nach Hause und messe bei Wilma Fieber«.

Willem olseo wuia noa Hius hen, dütmoal mett dän Wuind in'n Nacken. Noa droe Stunne klopppt hoe wuia bui dän Dokta ant Finsta. Noa lüttgen Tuit goet dat Finsta wuia upp.

»Ach, da bist du ja schon wieder Willem. Na, habt ihr Fieber gemessen?«

»Joa, dat hebt wui, oaba wui hebt Pech doabuigge hat, us es dat Fuibathermometa afbroken osse Wilma sik upe annan Suit weldat hät.«

»Ja, und was habt ihr dann gemacht?« secht de Dokta.

»Joa, wui hät dat Inkokthermometa noamen, un dat stoand noah dän Meden up ›Schnibbelbohnen‹«.

Frühnebel in Gewinghausen

Gratin von Himmel und Erde

500 g festkochende Kartoffeln	waschen, mit Schale bissfest kochen, abgießen, pellen und auskühlen lassen. In dünne Scheiben schneiden und in eine mit
2 EL Butter	gefettete Auflaufform legen.
2 Birnen	vierteln, schälen, entkernen, in dünne Spalten schneiden, mit
2 EL Zitronensaft	beträufeln. Die Birnenspalten zwischen die Kartoffelscheiben legen.
150 g Kochschinken	würfeln und darauf verteilen.
200 ml Sahne	mit
1 Ei	
Salz, Pfeffer	und
1 EL Kräuter (gemischt)	verrühren und über die Kartoffeln gießen. Im Backofen 30 Minuten bei 180 bis 200 °C überbacken.

Das Gratin eignet sich als Hauptgericht, dazu ein frischer Salat.

Hinterhof der Galerie am Gänsemarkt

Eröffnung der Internationalen Hansetage
auf dem Rathausplatz in Herford

Kartoffelgratin – mediterran

800 g festkochende Kartoffeln	garen, pellen, in Scheiben schneiden und dachziegelartig in eine Auflaufform geben. Mit
Salz, Pfeffer	kräftig würzen.
1 rote Paprikaschote	putzen und würfeln.
1 Bund Oregano	waschen, die Blättchen abzupfen.
400 g Schafskäse	zerbröseln.
4 Knoblauchzehen	hacken und alles zusammen über den Kartoffeln verteilen.
10 entsteinte grüne Oliven	
10 entsteinte schwarze Oliven	vierteln und darüber verteilen. 30 Minuten bei 160 °C backen.

Kann man gut vorbereiten und muss dann nur noch überbacken werden.
Kartoffeln haben einen hohen Vitamin C-Gehalt.

47

StreetArt am Bouleplatz in Herford

**Ein StreetArt aus Strohhalmen,
die im Rahmen der Internationalen
Hansetage entstanden sind.**

Kartoffel-Hamburger

16 Kartoffelpuffer (selbst gemacht oder TK)	erwärmen.
1 kg Thüringer Mett	scharf in
2 EL Rapsöl	anbraten.
4 Stangen Porree	putzen, klein schneiden und waschen.
2 Tomaten	brühen, häuten, würfeln und mit
Salz, Pfeffer	würzen. Alles zum Mett hinzufügen und mitbraten.
125 g Naturjoghurt	mit
125 g Kräuterquark	
100 ml Buttermilch	sowie
Salz, Pfeffer	verrühren.
3 Stangen Frühlingszwiebeln	klein schneiden. Jeweils einen Puffer mit der Mettmasse belegen, einen weiteren als Deckel darauflegen. 3 bis 4 Esslöffel Sauce darübergeben und mit den Frühlingszwiebeln garnieren.

48

Die Kartoffelpflanze wird im Hausgarten mit einer spitzen Forke vorsichtig ausgehoben.

Kartoffelkäfer sind nach ihrer Lieblingsspeise benannt: Sie fressen die Blätter der Kartoffelpflanze. Auf den Flügeldecken befinden sich zehn schwarze Längsstreifen.

Kartoffelwissen

Herbstferien hießen lange Zeit »Kartoffelferien«. Wochenlang half jeder, der konnte – auch die Kinder – um die kostbaren Erdäpfel aus dem Boden zu holen. An kühlen Herbstabenden glühten weithin sichtbar die Kartoffelfeuer. Die Knollen schmeckten über dem Feuer geröstet doppelt gut.

Erst im 18. Jahrhundert fanden die Menschen langsam Geschmack an der goldgelben Knolle. Dank Friedrichs des Großen ist sie heute unser Grundnahrungsmittel Nummer 1 in Deutschland.

Die Kartoffeln blühen in unterschiedlichsten Farben auf unseren Feldern, violett, blau, rosa oder weiß. Auch die Knolle muss nicht immer gelb sein. Es gibt blaue, rosafarbene oder dunkelrote Kartoffeln und eine große Formenvielfalt. Mehr als 200 Sorten werden in Deutschland geführt. »Sieglinde« und »Linda« kennt fast jeder, aber wer hat schon einmal von »Tannenzapfen«, »Early Rose«, »Odenwälder Blaue« oder »Bamberger Hörnchen« gehört? Alte Sorten liegen im Trend, denn sie haben einen intensiveren Geschmack, sehen interessant aus und tragen zur Sortenvielfalt bei. Die Kartoffel ist ein wahres Multitalent. Die Palette von Kartoffelprodukten ist unglaublich groß.

Wirtschaftssorten werden industriell weiterverarbeitet, sie dienen der Gewinnung von Stärke und Alkohol, der Erzeugung von Kartoffelmehl und der Herstellung von Folien, Pappen und Druckpapieren. Aber es können auch Klebstoffe oder pharmazeutische Produkte daraus hergestellt werden.

Unsere Speisekartoffeln sind überaus gesund, sie haben einen hohen Wasseranteil, enthalten Kohlehydrate, Eiweiß, Ballaststoffe, Mineralstoffe und Vitamine – allen voran Vitamin C – und sie enthalten so gut wie kein Fett. Man unterscheidet sie nach ihrem Erntezeitpunkt und nach ihren Kocheigenschaften. Junge Kartoffeln werden im Frühsommer geerntet und schmecken besonders lecker mit Schale. Mittelfrühe Sorten erntet man im August, die Kartoffeln zur Einlagerung werden im Oktober gerodet.

– *festkochende Kartoffeln* eignen sich besonders für Salat, Gratin, Salz- oder Bratkartoffeln,
– *vorwiegend festkochende Kartoffeln* besonders für Rösti und Aufläufe und mit
– *mehlig kochenden* Sorten gelingen Eintöpfe, Knödel, Suppen und Püree besonders gut.

Grundsätzlich gilt: die Kartoffel möglichst zeitnah verarbeiten, in wenig Wasser zubereiten, dunkel und trocken lagern, grüne Stellen großzügig entfernen.

Lassen Sie sich von unseren Kartoffelrezepten inspirieren und genießen Sie die Vielseitigkeit der Erdäpfel.

Ein Kartoffelfeuer ist für Kinder eine spannende Angelegenheit.

Gnocchi – selbst gemacht, in Salbeibutter

1 kg mehlig kochende Kartoffeln	waschen und in Salzwasser 25 Minuten weich kochen. Die Kartoffeln abgießen, abdampfen lassen und dann pellen. Noch warm durch eine Kartoffelpresse drücken.
1 TL Salz	
150 g Mehl	
100 g Hartweizengrieß	
3 Eigelbe	und
1 Prise Muskat	hinzufügen. Die Masse mit der Hand zu einem gleichmäßigen Teig verarbeiten. Den Teig zu 5 gleichmäßig dicken Strängen rollen, diese mit Mehl bestäuben und mit einem Messer in 1 cm große Stücke schneiden. Jedes Stück mit bemehlten Händen zu kleinen Ovalen formen. Mit Hilfe einer Gabel kann das typische Gnocchi-Muster in die Teigovale gedrückt werden.
2 l Salzwasser	zum Kochen bringen und die Gnocchi darin garen. Die Gnocchi sind fertig, wenn sie oben schwimmen. Mit einer Schaumkelle aus dem Wasser heben.
6 EL Butter	in einer Pfanne erhitzen,
30 frische Salbeiblätter	waschen, in Streifen schneiden und hinzufügen. Die Gnocchi in der Salbeibutter schwenken. In einer Schüssel anrichten und mit
100 g Parmesan (frisch gerieben)	bestreuen.

> Salbei-Gnocchi eignen sich auch als Vorspeise, dann reichen sie für 10 Personen.

Blick auf Kirchlengern

Gnocchi à la Petra

500 g Gnocchi (fertig oder Rezept S. 50)	nach Anleitung zubereiten.
480 g Tomaten aus der Dose	auf einem Sieb abgießen und klein schneiden. Gnocchi und Tomaten in eine Auflaufform füllen, mit
Salz, Pfeffer	würzen.
1 Bund Frühlingszwiebeln	in feine Ringe schneiden. Mit
300 g rohe Schinkenwürfel	in
1 EL Rapsöl	in einer Pfanne anschwitzen und in die Auflaufform füllen.
250 g Gorgonzola	würfeln, in einem kleinen Topf in
200 ml Sahne	erwärmen, bis sich der Käse aufgelöst hat. Die Sauce über das Gnocchi-Gemüse gießen, mit
200 g Käse (gerieben)	bestreuen. Im Backofen 20 Minuten bei 200 °C gratinieren.

> Dazu schmeckt ein frischer Salat.

51

Gebackene tolle Knolle

8 festkochende, mittelgroße Kartoffeln	waschen, kochen und pellen. Mit
8 Scheiben Bacon	einzeln umwickeln und in eine gefettete Auflaufform legen. Mit
Salz	bestreuen.
2 EL Butter	zerlassen und alles damit bestreichen. Im vorgeheizten Backofen 15 Minuten bei 200 °C backen. Mit
Schnittlauchröllchen	bestreuen und servieren.

> Diese Kartoffeln eignen sich als Beilage zu Fleisch und Gemüse.

Marienkäfer auf einer gemeinen Kratzdistel

Kartoffel-Möhren-Pfanne

750 g Möhren	schälen, putzen und in Scheiben schneiden.
750 g festkochende Kartoffeln	schälen, waschen und würfeln. Möhren und Kartoffeln in
250 ml Fleischbrühe	zugedeckt 20 Minuten garen.
250 g milder Blauschimmelkäse	würfeln und mit einer Gabel zerdrücken.
250 g Crème fraîche	unter den Käse rühren und zum Gemüse geben. Mit
Salz, Pfeffer	würzen.
1 Bund Schnittlauch	waschen, in Ringe schneiden und über das Gericht streuen.

Dieses Gericht eignet sich besonders gut für die schnelle Küche.

52

»Wie reich ist diese Erde an kleinen, guten
vollkommenen Dingen, an Wohlgeratenem!«
(Friedrich Nietzsche)

**Besenkamp aus der
Vogelperspektive**

Kartoffelsalat ... den alle mögen

2 kg festkochende Kartoffeln	mit Schale kochen, pellen, abkühlen lassen und in Scheiben schneiden.
5 Eier	hart kochen, pellen und würfeln.
5 Zwiebeln	pellen und sehr klein würfeln. Alle Zutaten vorsichtig vermischen, mit
Salz, Pfeffer	abschmecken.
500 g fettreduzierte Mayonnaise	untermengen. Mindestens 4 Stunden im Kühlschrank durchziehen lassen. Den Salat mit Zimmertemperatur servieren.

> Grüne Stellen an Kartoffeln entstehen durch Licht, das auf die Kartoffel fällt. Diese Stellen enthalten das schädliche Solanin. Deshalb großzügig entfernen.

Mascarpone-Kartoffeln

53

1 kg Kartoffeln	waschen, schälen, kochen und in dünne Scheiben schneiden.
200 g geriebener Käse	mit
200 g Mascarpone	
3 Eigelbe	
2 TL Senf	
Worcestersauce	und
Salz, Pfeffer	vermischen und unter die Kartoffeln heben. Alles in eine Auflaufform geben und 45 Minuten bei 180 °C backen.
1 Bund Frühlingszwiebeln	in Ringe schneiden und zum Servieren über den Auflauf geben.

> Kartoffeln lagern am besten in einem dunklen, kühlen Raum. So bleiben sie frisch und fest in der Schale.

Fliederfarbene Kartoffelblüte

Sarella – die schönste Kartoffel

Von Christine Wendt

Sarella war nicht nur eine Kartoffel, nein, sie war die schönste Kartoffel im Kartoffelkorb.

Ihre Haut glänzte und sie war goldgelb. Doch nun lag sie im Kartoffelkorb auf dem Küchentisch und sollte zu Kartoffelpüree verarbeitet werden. Allein die Vorstellung, geschält, gekocht und zerstampft zu werden, bereitete ihr Unbehagen. Doch sie hatte Glück. Der große Hund Panko wedelte mit seinem Schwanz und der Kartoffelkorb kippte um. Alle Kartoffeln fielen auf den Fußboden.

Sarella aber rollte hinaus zum Flur. Die Tür zum Keller stand offen und sie rollte die Kellertreppe hinunter. Erschöpft blieb sie in einer dunklen Ecke liegen. Welch große Aufregung! Aber sie war erst einmal in Sicherheit. Sie schlief ein und nach zwei Monaten merkte Sarella, wie es in ihr zuckte und ruckte. An ihr hatten sich Keime und Wurzeln gebildet. Sie brauchte jetzt gute Erde, aber o Schreck, sie lag ja im Keller.

Fleißige Helfer

Da kam der kleine Moritz in den Keller, fand die schöne Sarella und zeigte sie seiner Mutter. Die hatte eine gute Idee. Noch am gleichen Tag pflanzte sie Sarella mit anderen Kartoffeln im Garten in die Erde ein. Kartoffeln lieben es kalt und dunkel, und Sarella war glücklich. Immer noch zuckte und druckte es in ihr. Sie bekam längere Keime und Wurzeln. Einige wollten ans Tageslicht, die anderen blieben lieber in der Erde. Sarella blühte auf. Nach einiger Zeit merkte sie, wie ihre Blätter schlapp und gelb wurden.

Moritz kam mit seiner Mutter in den Garten. Die Zeit war gekommen, um die Kartoffeln auszugraben. Sarella hatte viele kleine Kartöffelchen bekommen und die kamen nun wieder in den Kartoffelkorb. Jetzt ratet einmal, was es zu Mittag geben sollte: Kartoffelpüree!

Reh im Morgendunst auf einer Wiese in Siele

Pizza – ostwestfälisch

Der Pizzaboden

750 g festkochende Kartoffeln	waschen, mit Schale kochen, pellen, noch warm durch eine Presse drücken und abkühlen lassen. Mit
4 – 5 EL Milch	
100 – 150 g Mehl	
100 g Käse (gerieben)	
2 Eier	
1 TL Kräutersalz	
Pfeffer, Muskat	zu einem Teig verarbeiten und diesen mit eingeölten Händen auf ein gefettetes Backblech geben. Dabei einen kleinen Rand hochziehen. Den Teig bei 200 °C 15 Minuten vorbacken.

Der Belag

1 Aubergine	waschen, längs halbieren und in Scheiben schneiden.
300 g Zucchini	waschen, putzen, würfeln.
2 rote Paprikaschoten	waschen, entkernen und in Streifen schneiden.
2 große Zwiebeln	schälen und in Ringe schneiden.
1 Knoblauchzehe	hacken. Alle Zutaten in
2 EL Olivenöl	und
2 EL Wasser	10 Minuten dünsten.
100 g entsteinte schwarze Oliven	
½ TL Salz	und nach Bedarf
gemischte Kräuter	dazugeben. Das gedünstete Gemüse abtropfen und abkühlen lassen und auf dem Kartoffelboden verteilen.
200 g Schafskäse	würfeln, darübergeben und die Pizza noch mit
100 g Parmesan (gerieben)	und
1 TL Pizzagewürz	bestreuen. Bei 200 °C nochmals 15 Minuten backen.

55

Die Kartoffelpizza mit frischen Basilikum-Blättchen bestreut servieren.

Fasan auf einer Wiese in Quernheim

Ritterzipfel

1 kg Kartoffeln	schälen, in Salzwasser 25 Minuten gar kochen, abgießen, ausdampfen lassen und zerstampfen oder durch die Kartoffelpresse geben.
250 g magerer Bauchspeck	und
2 Zwiebeln	fein würfeln, schmoren und abkühlen lassen.
250 g Sauerkraut	klein schneiden.
1 EL Petersilie oder Kerbel	hacken, alle Zutaten miteinander vermengen.
3 Eigelbe	und
3 EL Schmand	hinzufügen, mit
Pfeffer	und
gemahlene Muskatnuss	kräftig abschmecken, gut vermengen und aus der Masse circa 3 cm lange, fingerdicke Röllchen formen. In
Kartoffelmehl oder Paniermehl	wenden und in
Butterschmalz	goldbraun braten.

Dazu schmeckt Endiviensalat. Statt Zipfel kann man auch Bällchen formen und diese in der Pfanne etwas flachdrücken.

Blühendes Kartoffelfeld

Überbackenes Kartoffelpüree

800 g mehlig kochende Kartoffeln	schälen und kochen.
100 ml Milch	erwärmen, hinzufügen und die Kartoffeln zerstampfen, evtl. etwas mehr Milch hinzufügen, je nach Konsistenz.
1 große Zwiebel	in
10 g Fett	glasig dünsten.
1 Ei	verquirlen und mit den Zwiebeln unter das abgekühlte Püree ziehen. Mit
½ TL Salz, Pfeffer	und
Muskat	würzen. Das Püree in eine mit
2 EL Butter	gefettete Auflaufform geben. Mit
4 EL Emmentaler oder Gouda (gerieben)	und
3 EL Paniermehl	bestreuen und zum Schluss einige
Butterflöckchen	aufsetzen. Bei 180 °C etwa 20 Minuten goldbraun überbacken.

57

Verwenden Sie eine mehlig kochende Sorte, so gelingt ein locker-luftiges Feinschmeckerpüree.

Wedges mit Mango-Tomaten-Salsa

Die Wedges

1 kg festkochende Kartoffeln	schälen, waschen und in Achtel schneiden.
1 Limette	heiß waschen, abtrocknen, die Schale fein abreiben, mit
½ EL Salz	und
4 EL Rapsöl	unter die Kartoffeln mischen. Ein Backblech mit Backpapier auslegen, die Kartoffeln darauf verteilen und im Backofen bei 200 °C 40 bis 50 Minuten backen, bis sie weich und knusprig sind. Zwischendurch einmal wenden, damit sie von allen Seiten bräunen.

Die Mango-Tomaten-Salsa

1 Mango	schälen, entkernen und das Fruchtfleisch grob zerkleinern.
250 g Tomaten	waschen, halbieren und die Stielansätze entfernen. Beide Zutaten mit
1 TL Honig	und
2 EL Olivenöl	zu einer mittelgroben Salsa pürieren.
2 Frühlingszwiebeln	putzen, waschen, klein schneiden und
1 rote Chilischote	waschen, entkernen, fein hacken, unterheben. Die Limette auspressen und den Saft unter die Salsa rühren, mit
Salz	und
½ TL Koriander (gemahlen)	abschmecken.

58

Tomatenernte

Man sieht nur mit dem HERZEN gut!

Eine Trasse für die Kleinbahn

Um 1900 befanden sich viele Straßen in einem desolaten Zustand. Das Fahren darauf war vor allem bei nassem Wetter mit großen Schwierigkeiten und Unfällen verbunden. Längst hatte man die Vorteile der Eisenbahn erkannt. Das preußische Kleinbahngesetz von 1892 gab den Anstoß zu einer solchen.

Der preußische Staat stellte Millionen Mark für den Kleinbahnbau in ländlichen Gebieten bereit. Die für den Kreis Herford geplante Strecke sollte von Wallenbrück bis nach Vlotho verlaufen. Der Kreistag in Herford genehmigte das Unternehmen und es wurde eine Herforder »Kleinbahngesellschaft mit beschränkter Haftung« gegründet. Viele Schwierigkeiten mussten beim Trassenbau überwunden werden, bevor der erste Dampfzug im September 1900 von Spenge nach Wallenbrück fahren konnte. In den 1930er Jahren wurde die Strecke elektrifiziert, aber gut 30 Jahre später hat man den Betrieb dann eingestellt. Er rentierte sich nicht mehr, das Auto hatte die beliebte Bahn verdrängt.

Heute ist die Strecke noch als Rad- und Wanderweg beliebt.

Quelle: »Mein Wittekindsland, mein Heimatland« (sehr altes Schulbuch)

Die Kleinbahn fuhr bis in die 1960er Jahre von Spenge nach Vlotho – heute findet man sie im Kleinbahnmuseum in Enger.

Kleinbahn in Enger

59

Gemüseauflauf

400 g mehlig kochende Kartoffeln	schälen, waschen und würfeln.
200 g Möhren	
1 Stange Porree	
2 Stangen Staudensellerie	putzen, waschen und klein schneiden.
2 Fleischtomaten	brühen, häuten und würfeln.
1 Gemüsezwiebel	und
1 Knoblauchzehe	fein würfeln.
1 Bund Petersilie	sowie
4 Zweige Rosmarin	klein hacken.
150 g Schafskäse	würfeln. Nun alle Zutaten miteinander mischen und in eine Auflaufform füllen.
3 Eier	trennen, das Eiweiß steif schlagen. Aus den Eigelben und
40 g Parmesan (gerieben)	
½ TL Pfeffer (frisch)	und
2 TL italienische Kräuter	eine Sauce zubereiten.
150 g Crème fraîche	und den Eischnee unterheben und alles über das vorbereitete Gemüse geben. 55 Minuten bei 180 °C backen.

60

Moorsee in Randringhausen

In der Ruhe liegt die Kraft.

Hirsebratlinge

400 g Hirse	heiß abspülen, mit
800 ml Gemüsebrühe	aufkochen und 15 Minuten auf kleinster Stufe ausquellen lassen.
2 – 3 Eier	
1 TL Kräutersalz	
50 g Vollkorngrieß	und
200 g Emmentaler (gerieben)	mit der etwas abgekühlten Hirsemasse vermengen und mit einem Esslöffel daraus Portionen abstechen, zu einem Bratling formen und in
50 g Butterschmalz	bei mittlerer Hitze von jeder Seite goldbraun ausbacken.

Es empfiehlt sich, nach dem ersten fertigen Bratling zu probieren und evtl. nachzuwürzen. Die Hirsebratlinge schmecken besonders gut zu einem Kräuterdip.

Strohernte

Löwenzahn

Kräuter ...

Von Gitta Wittschier

Es ist wieder mal Markttag. Ich parke mein Vehikel direkt vor Meister Lampes Grünfutterbude. »Heute frische Kräuter« leuchtet mir grün auf weiß plakatiert entgegen. Herrn Lampes Gesicht leuchtet auch, als ich sämtliche Kräutertöpfe in meinen Riesenkorb platziere und ein stattliches Sümmchen in seine Rechte gleiten lasse.

Halb zwölf. Ich muss mich beeilen, da sich mein Freund zum Mittagessen angemeldet hat. Zu Hause angekommen, grase ich jeden Kräutertopf mit einem scharfen Messer ab und stelle einige Gewürze bereit. Lasse Wasser in einem Topf aufkochen, gebe je einen Teelöffel Petersilie, Thymian, Beifuß, Kerbel, Dill, Ysop, Tripmadam, Schnittlauch, Bohnenkraut und Majoran hinein und würze alles mit je einem Esslöffel Salz, Paprika, Senf, Tomatenmark und Chilipfeffer.

Mein Freund probiert zunächst und greift dann herzhaft zu. Ein gurgelnder Laut entringt sich seiner Kehle. Sein Mund sperrt sich weit auf. Flammen schlagen aus seinem Rachen. Sie steigen höher und höher. Mit ihrer Spitze erreichen sie bald den Himmel.

Seit dieser Stunde weilt mein Freund dort oben. An jedem Markttag zur Mittagszeit erscheint er – ganz in Weiß und mit gekonntem Flügelschlag – in meiner Wohnung. Er überreicht mir all die genannten Kräuter rückwärts, die Gewürze ebenso. Mit seinem feurigen Mund zündet er den Herd an, setzt sich an den Tisch und lobt meine vorzüglichen Kochkünste.

Die Natur ist doch das einzige Buch, das auf allen Blättern großen Gehalt bietet.

Poesie im Garten

Kräutergärtnerei in Hiddenhausen

Hokkaido-Kürbis aus dem Backofen

1 kleiner Hokkaido-Kürbis	waschen, abtrocknen, halbieren, die Kerne entfernen und das Fruchtfleisch in Spalten schneiden. Diese nochmals halbieren.
2 EL Olivenöl	mit
2 TL Fenchelsamen	und
Chiligewürz (nach Geschmack)	in einer Schüssel verrühren. Hokkaidospalten dazugeben und darin mehrfach wenden, so dass alle Spalten gut geölt sind. Die Spalten auf ein Backblech legen und im vorgeheizten Ofen bei 220 °C etwa 20 Minuten backen.

Dazu schmecken Mayonnaise oder Kräuterdip.

Porreeauflauf mit Tomaten und Kartoffeln

63

500 g Porree	putzen, in Ringe schneiden und waschen.
300 g Kartoffeln	schälen und in dünne Scheiben schneiden.
150 ml Gemüsebrühe	mit
1 EL Butter	erhitzen, Porree und Kartoffeln zufügen und 12 Minuten dünsten. 2 Esslöffel Gemüsesud abschöpfen und beiseitestellen. Das Gemüse mit der Flüssigkeit in eine Auflaufform geben.
2 Fleischtomaten	brühen, häuten, würfeln und darüber verteilen.
100 g Schafskäse	zerbröseln, mit
2 Eier	und dem abgekühlten Gemüsesud (2 Esslöffel) verrühren und über dem Gemüse verteilen.
2 EL Sonnenblumenkerne	darüberstreuen und den Auflauf im vorgeheizten Backofen bei 200 °C etwa 20 Minuten backen.

Indisches Gemüsecurry

400 g Zucchini	putzen, waschen und in kleine Stücke schneiden.
150 g Blumenkohl	und
150 g Brokkoli	in kleine Röschen teilen.
2 Möhren	putzen, in Scheiben schneiden.
200 g frische grüne Bohnen	putzen und zweimal brechen.
200 g Champignons	putzen, vierteln.
½ Bund Frühlingszwiebeln	putzen und in Ringe schneiden.
3 EL Öl	in einem Topf erhitzen, das Gemüse hineingeben und kurz dünsten. Mit
100 ml Wasser	ablöschen, dann 10 Minuten köcheln lassen.
2 EL Tomatenmark	
3 EL Sojasauce	
3 TL Curry	und
250 ml Kokosmilch	dazugeben und noch 10 Minuten köcheln. Mit
Salz	abschmecken.

> Die Kokosmilch kann auch durch Kuhmilch oder Sahne ersetzt werden. Als Beilage eignet sich Reis.

Martinsgänse

Porree-Gemüse-Salat mit Olivenöl

1 kg Porree	putzen, in 4 bis 5 cm lange Stücke schneiden, waschen, abtropfen lassen und in
200 ml Wasser	5 Minuten kochen, dann zur Seite stellen.
3 Zwiebeln	und
3 Knoblauchzehen	sehr fein hacken, in
100 ml Olivenöl	glasig dünsten. Unter ständigem Rühren
1 EL Tomatenmark	
2 EL Zucker	und
Salz, Pfeffer	hinzufügen.
½ Bund glatte Petersilie	und
½ Bund Dill	hacken und untermengen. Diese Mischung über den angekochten Porree geben und mit
150 ml Wasser	nochmals 10 Minuten kochen. Mit dem Saft von
1 Zitrone	beträufeln und vom Herd nehmen. Vor dem Servieren mindestens 10 Minuten abkühlen lassen.

65

Ist auch kalt, auf einem Buffet, ein besonderer Genuss.

Natürliche Rasenpflege

Sauerkrautauflauf

1 große Zwiebel	würfeln.
1 Bund Majoran	hacken.
4 Äpfel	schälen, Kerngehäuse entfernen und grob raspeln. Alles mit
500 g Sauerkraut (servierfertig)	
1 TL Kümmel	und
200 g Crème fraîche	vermengen. Mit
Salz, Pfeffer	würzen und in eine mit
1 EL Butter	gefettete Auflaufform geben. Mit
125 g Käse (gerieben, z.B. Gouda)	und
2 EL Sonnenblumenkerne	bestreuen. Bei 180 °C etwa 30 bis 40 Minuten backen.

Sauerkraut hobeln

Der Erntehahn

Von Marlene Ortmann

Die Sommer meiner Kindheit verbinde ich natürlich mit den Sommerferien. Doch wer sagte schon »Sommerferien«, es waren ja Ernteferien. Einbezogen zu werden in die außerordentlich wichtige Zeit im Bauernjahr war natürlich nicht nur fröhlich.

Der Ausspruch, »Wenn das Wetter so bleibt, gibt es den Erntehahn in diesem Jahr pünktlich«, – das hieß, Mitte bis Ende August – hob die Stimmung. Die Meine deutlich, nicht nur, weil das Lenken der

LandFrauen Enger beim Binden einer Erntekrone

Pferde vor der Mähmaschine und Garbentragen an die Stiege (Hocke) vorbei waren; der Erntehahn wurde verspeist – und das mitten in der Woche!

Der große Hühnerhahn war geschlachtet, köchelte im großen Suppentopf vor sich hin, bis er gar war. Die Brühe wurde zu einer köstlichen Suppe mit Blumenkohl, Möhren und Eierstich zubereitet. Das Hauptgericht, der mit Butter angebratene Hahn, Salzkartoffeln mit der Buttersauce aus dem Bratfond, Blumenkohl und Apfelmus aus den Augustäpfeln, war die köstlichste Sommermahlzeit überhaupt – wohlgemerkt mitten in der Woche! Dazu der Nachtisch: Rote Apfelspeise mit Vanillesauce. Zu trinken gab es Bier und Apfelsinchen. Damit genug auf dem Tisch war, kam in die Bratpfanne auch noch ein Hahn der früh geschlüpften Küken, denn zum Erntehahn-Schmaus wurden auch die eingeladen, die gelegentlich mithalfen.

Dass der Hahn im landwirtschaftlichen Ablauf eine gewisse Rolle spielt, liegt daran, dass er als besonders fruchtbar galt (klar, bei dem Harem, den er zu bedienen hat!). Zu seinen Aufgaben gehörte es auch, dass er ein Garant für fruchtbare Felder und reiche Ernten zu sein hatte. Es war teilweise üblich, dass mit dem letzten Schnitt auf einem Getreidefeld ein besonders dickes Bündel geerntet und in die Form eines Hahns gebunden wurde. Damit war auch eine weitere Absicht verbunden: Bei diesem Schnitt nahmen die Schnitter gerne so viel Halme wie möglich in die Hand, damit die Ernte im nächsten Jahr recht reichlich ausfiel.

Der Begriff »Erntehahn« steht in einigen Regionen nicht nur für das Tier an sich, sondern auch für Feierlichkeiten im Zusammenhang mit der Ernte oder eben als Bezeichnung für eine Ernte-Mahlzeit.

Mein persönliches Erntehahnerlebnis war, oben auf dem letzten gepackten Fuder Stroh nach Hause zu fahren!

Eine Gartenliebe

Ein Kohlkopf stand im Garten neben einem Rosenstock. Jeden Tag schaute er auf die blühende Pracht. Eines Tages hielt der Kohlkopf es nicht mehr aus, er kniete nieder, seufzte ganz tief und sagte: »Rose, ich liebe dich. Ich lege dir mein Herz zu Füßen!« Die Rose erhörte ihn und gestand ihm ebenfalls ihre Liebe. Und so kam, was kommen musste, im nächsten Jahr stand neben der Rose: Rosenkohl.

Überbackener Rosenkohl

1 kg Rosenkohl	putzen, in Röschen teilen.
1 Zwiebel	würfeln und in
1 EL Öl	andünsten, den Rosenkohl zufügen und mitdünsten.
200 ml Gemüsebrühe	angießen, aufkochen und 10 Minuten garen. Alles in eine mit
1 EL Butter	gefettete Auflaufform füllen.
750 g Kartoffeln	schälen, grob raspeln und gleichmäßig über dem Rosenkohl verteilen.
200 ml Sahne	mit
Salz, Pfeffer	und
1 Prise Muskat	würzen, verquirlen und über die Kartoffeln geben. Im vorgeheizten Backofen bei 180 °C (Heißluft) 15 Minuten backen. Herausnehmen und mit
2 EL Haselnuss- oder Mandelblättchen	und
1 TL Majoran	bestreuen und weitere 10 bis 15 Minuten backen.

Kanadagänse im Morgennebel

Gefüllte Mohnblumen im Kornfeld

Winterrohkost mit Rote Bete

1 rohe Rote Bete-Knolle	
1 kleine Sellerieknolle	
3 Möhren	und
2 Äpfel	jeweils schälen und raspeln.
1 Stange Porree	putzen, halbieren, waschen und in Ringe schneiden.
3 Zwiebeln	würfeln. Alle Zutaten in eine Schüssel geben und mit dem Saft von
1 Zitrone	gut vermischen.
8 EL Öl	mit dem Mixer aufschlagen.
6 EL Quark	und
2 TL Senf	unterrühren, mit
Salz, Pfeffer	und
1 Prise Zucker	abschmecken.
250 g Joghurt (oder Buttermilch)	unterrühren, gut durchziehen lassen.

69

Zusammenfluss der Werre und Aa in Herford

Rote Bete

Wirsinglasagne

Der Wirsing

1 kg Wirsing	putzen, in feine Streifen schneiden und mit
2 TL Salz	in
2 l Wasser	blanchieren. Abgießen und abtropfen lassen.

Die Tomatensauce

1 Zwiebel	würfeln,
1 Knoblauchzehe	pressen, beides in
2 EL Olivenöl	dünsten.
150 g Pfifferlinge oder Champignons	putzen, hinzufügen und
330 g passierte Tomaten	auffüllen. Alles 10 Minuten köcheln lassen, mit
Salz, Pfeffer	abschmecken und beiseitestellen.

70

Die Käsesauce

6 EL Butter	in einem Topf aufschäumen,
4 EL Mehl	hinzufügen und unter Rühren goldgelb werden lassen.
250 ml Milch	und
125 ml Gemüsebrühe	nach und nach angießen.
75 g Käse	fein reiben und in der Sauce auflösen.
150 g Naturjoghurt	hinzufügen, gut verrühren und mit
Salz, Pfeffer	abschmecken.

Fertigstellung

250 g Lasagneblätter	nun abwechselnd in einer eckigen, ausgefetteten Auflaufform wie folgt schichten: Lasagneblätter, Tomatensauce, Wirsingstreifen, Käsesauce, Lasagneblätter u.s.w. Mit der Käsesauce abschließen. Im Backofen 40 Minuten bei 180 °C backen.

> Wenn man auf Fleisch nicht verzichten möchte,
> 400 g krümelig gebratenes Hackfleisch mit einschichten.

Bienenwiese in Spenge

Das Spenger Mailäuten

Jedes Jahr findet in Spenge im Mai das Mailäuten statt. Dazu erzählt die Sage folgendes:
In der Wehrburg, einer Wasserburg, befand sich ein wundertätiges Marienbild, zu dem viele
Pilger kamen und Ritter, zu deren Ehren große Feste veranstaltet wurden. Bei einem dieser
Feste wurde ein silberner Löffel vermisst. Eine Magd wurde beschuldigt, ihn gestohlen zu
haben. Obwohl sie ihre Unschuld beteuerte, verurteilte man sie und richtete sie am Galgen
hin. Etwas später wurde in der Nähe der Wehrburg ein Baum gefällt und in einem Elsternest
der vermisste silberne Löffel entdeckt. So stellte sich die Unschuld der Magd heraus. Der
Gutsherr bereute sein Urteil und veranlasste das Mailäuten zum Gedenken an die Unschul-
dige.

Quelle: »Mein Wittekindsland, mein Heimatland« (sehr altes Schulbuch)

71

Werburg in Spenge

Garten an der Werburg in Spenge

Zucchinilasagne

600 g Zucchini	waschen, putzen und längs in dünne Streifen schneiden. In
2 EL Olivenöl	5 Minuten anbraten, herausnehmen und zur Seite stellen.
2 Zwiebeln	abziehen, würfeln und im Bratfett etwa 2 Minuten glasig dünsten.
400 g Ricotta	mit
5 EL Wasser	verrühren und zu den Zwiebelwürfeln geben, mit
Salz, Pfeffer	und
½ TL Kreuzkümmelpulver	würzen. Die Sauce zur Seite stellen.
800 g Pizzatomaten aus der Dose	mit
Salz, Pfeffer	würzen. Nun eine eckige, ofenfeste Form mit
2 EL Butter	einfetten.
16 Lasagneplatten (ohne Vorkochen)	abwechselnd mit Tomaten, Zucchini, Ricottacreme, Lasagneplatten einschichten. Mit Ricottacreme abschließen.
40 g Paniermehl	und
½ TL Schwarzkümmel	über die Lasagne streuen.
2 EL Butter	in Flöckchen daraufsetzen und im vorgeheizten Backofen 30 Minuten bei 180 °C backen.

Stillleben auf einem Pflanztisch

Sellerieschnitzel mit Joghurtsauce

600 g Knollensellerie	schälen, waschen und in 1 bis 2 cm dicke Scheiben schneiden. In
1 l Wasser	mit
1 TL Salz	bissfest garen, gut abtropfen und abkühlen lassen. Mit
Salz, Pfeffer, Muskat	und einigen Tropfen
Zitronensaft	würzen.
2 Eier	verquirlen. Die Selleriescheiben zuerst in
3 – 4 EL Vollkornmehl	wälzen, dann in den verquirlten Eiern und zum Schluss in
100 g Semmelbrösel	wenden. Die panierten Selleriescheiben in
4 – 5 EL Rapsöl	langsam von beiden Seiten goldgelb braten. Für die Sauce
200 g Joghurt	mit dem Saft von
½ Zitrone	und
125 ml Sahne	sämig verrühren und mit
Salz, Pfeffer	
Oregano	und
Basilikum	abschmecken.

73

Tulpenfeld in Herford-Schwarzenmoor

Westfälische Kohlrouladen

1 Kopf Weißkohl	in Salzwasser ankochen und die Blätter ablösen.
2 altbackene Brötchen	einweichen und ausdrücken, mit
1 kg gemischtes Hackfleisch	
1 Ei	
1 Zwiebel (gehackt)	
Salz, weißer Pfeffer aus der Mühle	und
1 Prise geriebene Muskatnuss	zu einem Fleischteig verarbeiten. Die Kohlblätter damit belegen, zusammenrollen und mit Küchengarn oder Rouladenklammern befestigen. In
50 g Fett	von allen Seiten kräftig anbraten und
500 ml Fleischbrühe	auffüllen. Etwa 45 Minuten bei schwacher Hitze garen. Die Rouladen auf vorgewärmter Platte anrichten, Brühe aufkochen, abschmecken und mit
2 EL Sahne	verfeinern. Nach Belieben mit etwas
Speisestärke	andicken und über die Rouladen geben.

Widukind-Pastete

100 g Paniermehl	mit 100 ml Wasser vermischen und quellen lassen.
1 Zwiebel	fein hacken,
80 g Kochschinken	würfeln und
80 g Käse	reiben. Alle Zutaten mit
250 g gemischtes Hackfleisch	und
120 g Sauerkraut	gut vermengen. Mit
Salz, Pfeffer	würzen.
275 g Blätterteig	ausrollen und das Hackfleischgemisch darauf verteilen, den Rand frei lassen und mit
1 Eiweiß	bestreichen, aufrollen und mit
1 Eigelb	bestreichen. Im Backofen bei 220 °C (Umluft 180 °C) etwa 25 Minuten backen. In Scheiben schneiden und servieren.

Diese Pastete kann kalt oder warm als Vorspeise auf Salat serviert werden.

Es wird bunt.

Wirsing-Fleisch-Ragout

500 g Schweineschulter oder Lammschulter	in kleine Würfel schneiden. Für die Marinade
2 TL Rosmarin	und
2 Knoblauchzehen	fein hacken. Mit Saft und abgeriebener Schale von
1 unbehandelte Zitrone	und
3 EL Olivenöl	mischen. Das Fleisch damit bestreichen und 4 Stunden marinieren.
500 g festkochende Kartoffeln	schälen, in feine Scheiben hobeln.
600 g Wirsing	putzen, waschen, in Streifen schneiden. Das Fleisch in einem Schmortopf in
1 EL Butterschmalz	kräftig anbraten, mit
Salz, Pfeffer	würzen.
2 Zwiebeln	schälen, in Ringe schneiden und mitdünsten. Fleisch, Kartoffeln und das Gemüse lagenweise in eine feuerfeste Form einschichten.
500 ml Gemüsebrühe	und die Marinade angießen. Im vorgeheizten Backofen bei 180 °C etwa 90 Minuten schmoren.

Gartenidylle vor einem Fachwerkhaus bei Dünne

Eine Uhr über Bünde

Gefüllte Schweinerouladen

4 Rouladen vom Schwein	waschen und trockentupfen. Je eine Seite mit
1 Knoblauchzehe	abreiben und mit
Salz, Pfeffer	würzen. Mit je 1 Teelöffel von
4 TL Senf	und
4 TL Steaksauce	bestreichen.
100 g Schafskäse	und
6 getrocknete, eingelegte Tomaten	klein schneiden.
100 g eingelegte Antipasti	abtropfen lassen, evtl. kleiner schneiden und alles gleichmäßig auf den Rouladen verteilen. Aufrollen und mit Rouladenklammern oder Zahnstochern fixieren. Die Rouladen in
2 EL Öl	von allen Seiten scharf anbraten. Mit
150 ml Gemüsebrühe	ablöschen und
2 TL Tomatenmark	
3 EL Steaksauce	unterrühren. 20 Minuten köcheln lassen. Die Rouladen anrichten und die Sauce mit
2 EL Oregano (gehackt)	
2 EL Basilikum (geschnitten)	und
2 EL Crème fraîche	abschmecken. Bei Bedarf etwas binden.

77

Mit Öl bestrichen schmecken die Rouladen auch aus der Aluschale vom Grill. Dann Oregano und Basilikum in die Rouladen geben, da die Sauce fehlt. Dazu passt frischer Salat.

Zum Frühlingsfest in Bünde wird die ganze Innenstadt bunt bepflanzt.

Großmütterchens Majoranfleisch

800 – 1000 g Schweinenacken ohne Knochen	in dünne Streifen schneiden und portionsweise in anbraten.
3 EL Schweineschmalz	anbraten.
5 mittelgroße Zwiebeln	schälen, würfeln und mitbraten.
5 Gewürzgurken	würfeln und hinzufügen.
4 EL Tomatenmark	und
500 ml heiße Fleischbrühe	zugeben. Von
2 Bund Majoran (frisch)	die Blättchen abzupfen, evtl. klein hacken und dazugeben. Mit
Salz, Pfeffer	gut würzen und zugedeckt 70 bis 90 Minuten bei schwacher Hitze schmoren. Den Topf vom Herd nehmen.
250 ml Sahne	und
200 g saure Sahne	einrühren, nochmals erhitzen, aber nicht kochen.
1 Bund Schnittlauch	klein schneiden und vor dem Servieren über das Gericht streuen.

78

Dazu passen Bandnudeln oder Salzkartoffeln, Rote Bete oder Bohnensalat.

Haus Hiddenhausen und
Holzhandwerksmuseum

**Kulturwerkstatt und Café »Alte Werkstatt«
in Hiddenhausen**

Schweinefilet mit Herforder

Weihnachtsbier und Speckpflaumen

1,2 kg Schweinefilet	waschen, trocknen und in 3 cm dicke Medaillons schneiden. Aus
500 ml Herforder Weihnachtsbier	
2 EL Senf	
2 EL Kümmel (ganz)	
2 Zwiebeln (fein geschnitten)	
4 Lorbeerblätter	und
6 Wacholderbeeren (angedrückt)	eine Marinade herstellen. Das Filet mindestens 2 Stunden darin einlegen. Das Fleisch herausnehmen, mit
Salz, Pfeffer	würzen, in
6 EL Öl	anbraten und in eine Auflaufform legen.
18 Trockenpflaumen	jeweils mit
18 Scheiben Speck (durchwachsen)	umwickeln und zwischen das Fleisch legen. Im Backofen 30 Minuten bei 180 °C fertig braten. Die Marinade aufkochen, anschließend passieren und etwas einköcheln lassen.
2 TL Speisestärke	mit kaltem Wasser anrühren, die Sauce damit binden und mit Salz und Pfeffer abschmecken.

79

> Als Beilage eignen sich frischer Blattsalat, Herzoginnenkartoffeln oder Kroketten.

Luftaufnahme der Herforder Brauerei

Mühlen im Ravensberger Land

Von der Geschichtswerkstatt Exter

Vor der Entdeckung der Energie mit Wasserdampf und der Elektrizität gab es drei wesentliche Kraftquellen: Die Muskelkraft, das Wasser und den Wind.

In unserer Region waren die Wassermühlen am meisten verbreitet, was angesichts der vielfältigen Wasserläufe und Bäche nicht verwundert, wenn sie auch nicht immer ausreichend Wasser führten, weswegen sie gerne aufgestaut wurden. Windmühlen waren seltener, doch wird sich immer zumindest eine in Sichtweite befunden haben. Wo es an Wasser fehlte und am günstigen Standort im Wind, baute man Göpel, in denen Pferde oder andere Zugtiere an einer Stange im Kreis liefen und mannigfache Gerätschaften antrieben.

In Oberbauerschaft (Kreis Minden-Lübbecke) ist ein Pferdegöpel liebevoll restauriert und wird regelmäßig der Öffentlichkeit vorgestellt. Ursprünglich als Bokemühle für das Flachsbrechen errichtet, wurde hier auch Ölsaat verarbeitet. Zu erfahren ist aber auch, dass ein wirksames Alarmsystem vor Kontrollen durch die örtliche Polizeigewalt schützen sollte, wenn im Sinne des Mühlenbannes widerrechtlich Brotgetreide vermahlen wurde.

Dass eine Windmühle auch als Aussichtspunkt nützlich ist, zeigt die Geschichte, die der 2003 verstorbene Gustav Lindemann gerne von seinem Vater erzählte: Im Ersten Weltkrieg wurden große Teile der Ernte für die Truppen-Versorgung requiriert. 1917 war ein schlechtes Jahr; trotzdem wurde rigoros für Kriegszwecke eingesammelt und so wollte jeder Land-

Blick in Kemenas Mühle in Löhne

wirt seinen Anteil so gering wie möglich halten. Der alte Lindemann arbeitete an einem Sonntag bei günstigem Wind in der Mühle und genoss zwischendurch, bewaffnet mit einem Feldstecher, die sich ihm bietende hervorragende Aussicht weit ins Land hinein. Von seinem Standort aus konnte er deutlich erkennen, wo ein eifriger Bauer in der Nachbargemeinde mit seinen Heuerlingen Säcke in einem Roggenfeld versteckte.

Es gab schon eine telefonische Verbindung und Lindemann steckte dem von ihm Ertappten, dass sein vermeintliches Versteck gar keines war. Eilends wurde das »Verborgene« entfernt und an anderer Stelle untergebracht. Ob die eifrigen Bemühungen von Erfolg gewesen sind, weiß man nicht.

Dessen Vater, Johann Friedrich Lindemann, der im Jahre 1850 die Windmühle errichten ließ, war äußerst gewissenhaft in seinen Taten und hat sich nicht nehmen lassen, alle Ausgaben und Erträge genau zu notieren und so enthalten diese Aufzeichnungen auch Angaben darüber, dass zur Errichtung erhebliche Quantitäten an Schnaps vonnöten gewesen zu sein schienen. Auch zum Verbrauch durch Mühlenknechte sind solche »geistigen« Ausgaben vermerkt.

... mit brauner Butter übergossen!

Kulinarisches darf in einem Bericht von Mühlen nicht fehlen. Bei Wassermühlen geht es um die Zubereitungsart des »Wildes«, das der Wassermüller vor seiner Haustür im Mühlenteich fängt: Für das schmackhafte Gericht »Forelle nach Art der Müllerin« wird der Fisch durch gewürzte Milch gezogen, in Mehl gewendet, in Butter gebraten und mit Zitronensaft beträufelt. Darüber wird gehackte Petersilie gestreut, ein Überguss von brauner Butter bildet den Abschluss.

81

Mit solchen Beilagen kann eine Windmühle nicht aufwarten, hier geht es um den guten Geschmack eines frisch gebackenen Brotes, dessen Aroma uns in die Nase weht.

Pferdegöpel in Lippinghausen

Kasseler
mit Käse-Ananas-Haube (für 10 bis 12 Personen)

2 kg Kasselernacken ohne Knochen	in Bratfolie füllen, Folie verschließen, oben einstechen und bei 180 °C (Umluft 160 °C) 1 Stunde garen. Erkalten lassen und in knapp 1 cm dicke Scheiben schneiden. Die Scheiben schuppenförmig in eine flache, feuerfeste Form legen.
10 – 12 Ananasscheiben aus der Dose	abtropfen lassen und jeweils ½ Ananas-Ring auf die Fleischscheiben legen.
150 g Käse (Butterkäse oder Gouda)	fein würfeln oder reiben.
150 g Kochschinken	würfeln, beides mit
1 – 2 Eier	verrühren und auf dem Fleisch und den Ananasringen verteilen. Bei 200 °C etwa 25 bis 35 Minuten überbacken.

82

Mühlenburg in Spenge

Kasseler überbacken – italienische Variante

700 g Kasseler ohne Knochen	im Ganzen in
400 ml Weißwein (trocken)	30 bis 40 Minuten dünsten und abkühlen lassen.
Je 1 rote, 1 grüne Paprikaschote	waschen, putzen und in Streifen schneiden.
1 Zwiebel	hacken,
1 Stange Porree	putzen, in Ringe schneiden, waschen. Das Gemüse zusammen mit
200 g Champignons, frisch oder aus der Dose	(frische Pilze geputzt) in
2 EL Butter	anbraten, mit
2 EL Mehl	bestäuben,
50 g Tomatenmark	und den Wein, in dem das Fleisch gedünstet wurde, zugeben. 10 Minuten unter Rühren kochen, mit
Salz, Pfeffer	
Majoran	und
Basilikum	abschmecken. Das Fleisch in Scheiben schneiden, in eine Auflaufform geben, die Gemüsemischung darüber verteilen und mit
100 g geriebener Käse	bestreuen. Bei 200 °C für 30 Minuten in den Backofen geben.

> Eignet sich für ein kaltes oder warmes Buffet.

Fliegenpilze

Rindfleisch-Gemüse-Pfanne

600 g Rinderfilet	in feine Streifen schneiden.
4 große Möhren	putzen und in Stifte schneiden.
250 g Austernpilze	gründlich waschen, abtropfen lassen und evtl. halbieren.
1 Bund Frühlingszwiebeln	putzen, in 4 cm lange Stücke schneiden. Nun
2 EL Butterschmalz	in einer Pfanne erhitzen, die Möhren darin etwa 8 Minuten andünsten, Pilze und Frühlingszwiebeln dazugeben und weitere 2 Minuten dünsten. Mit
Salz, Pfeffer	würzen. In einer zweiten Pfanne
2 EL Butterschmalz	erhitzen, das Rindfleisch darin anbraten und etwa 3 Minuten garen. Mit
Salz, Pfeffer	abschmecken und vor dem Servieren mit dem Gemüse vermischen.

Als Beilage reicht man Reis oder Rösti.

Historische Küche in Rödinghausen

Pilzangebot auf dem Wochenmarkt

Rindfleischpfanne

1 kg Rinderfilet	in Streifen schneiden und in
4 EL Öl	portionsweise anbraten, herausnehmen und warm stellen.
5 Zwiebeln	und
3 – 5 Knoblauchzehen	würfeln, in das Bratfett geben und dünsten.
500 g Möhren	und
500 g Zucchini	putzen, in Streifen schneiden, mit
1 EL Öl	zu den Zwiebeln geben und dünsten.
100 ml Wasser	zugeben und das Gemüse bissfest garen. Dann das Fleisch zufügen, mit
Salz, Pfeffer	und
Oregano	abschmecken.

Nach Geschmack können auch in Streifen geschnittene schwarze Oliven hinzugefügt werden. Als Beilage reicht man Nudeln.

85

LandFrauen-Gartenidylle beim
»Offenen Gartentor« in Löhne

Zucchinipflanze im
Garten in Westerenger

Goodbye Hotel Mama – ein Kochkurs der besonderen Art

Von Petra Schröder

Ein frisches Müsli fürs Frühstück zubereiten, Milchreis kochen, einen Salat für die Party mischen und abschmecken oder eine Sauce mit einer Mehlschwitze binden. Gemüse waschen und klein schneiden, Kartoffeln schälen und in vielfältigsten Variationen verarbeiten oder eine klassische Hühnersuppe für das Drei-Gang-Menü mit Rotkohl und Klößen kochen. Dieses Küchentraining bereitet junge Erwachsene auf den kulinarischen Auszug aus dem »Hotel Mama« vor.

»Gemeinsames Kochen macht Spaß«, ist die Devise der meist jungen Paare in diesem Kurs, den die LandFrauen seit einigen Jahren im Kreis Herford anbieten. Ganz nebenbei gibt es Informationen zur Hygiene, Tipps zum Einkaufsverhalten, Hinweise zu regionalem und saisonalem Gemüse. Man lernt beim Kochen, worauf es ankommt und welche Möglichkeiten sich bieten, eine fehlende Zutat durch eine andere zu ersetzen.

Diese Grundlagen für junge Einsteiger eignen sich auch als Kursprojekt an Schulen sowie in Jugend- und Freizeiteinrichtungen.

Gemischter Stil verleiht einem Garten das gewisse Etwas.

Sommerliche Liebesgrüße

Tafelspitz – mediterran

2 Zweige Rosmarin	fein hacken, mit
1 EL Salz (grob)	
Pfeffer	und
6 EL Olivenöl	zu einer Marinade verarbeiten.
1,5 kg Rindfleisch (Tafelspitz)	von Fettschichten und Sehnen befreien. Mit der Marinade bestreichen, mindestens 1 Stunde (besser etwas länger) bei Zimmertemperatur ruhen lassen. Das Fleisch danach in einem Bräter in
2 EL Olivenöl	anbraten und herausnehmen.
4 Zwiebeln	und
3 Knoblauchzehen	fein hacken und in dem Bratfett stark dünsten.
50 ml Wasser	zugeben. Wenn das Wasser verdampft ist, erneut
50 ml Wasser	zufügen. Die Zwiebeln nehmen dadurch eine sehr dunkle Farbe an. Diesen Vorgang drei- bis viermal wiederholen. Dann
2 EL Tomatenmark	zufügen und anrösten, mit
300 ml Brühe	ablöschen, kurz einkochen lassen.
750 ml Weißwein	und
400 g Pizzatomaten aus der Dose (ungewürzt)	unterrühren. Mit
1 EL Zucker	die Säure etwas ausgleichen, das Fleisch hineinlegen und zugedeckt mindestens 2 Stunden schmoren, ab und zu umdrehen. Das Fleisch in dünne Scheiben schneiden und warm stellen. Die Sauce mit einem Pürierstab fein pürieren und auf mittlerer Hitze 5 bis 10 Minuten reduzieren lassen.

Reifeprozess der Tomaten im Gewächshaus

Rindfleischtopf mit Ananas

1 kg Rindergulasch	in einem großen Bräter mit
50 g Butterschmalz	anbraten.
2 mittelgroße Zwiebeln	würfeln, zum Fleisch geben, ebenfalls anbraten und mit
Salz, Pfeffer	würzen.
300 ml Brühe	angießen. Das Fleisch 50 Minuten bei geschlossenem Topf schmoren.
1 rote Paprikaschote	waschen, in kleine Streifen schneiden.
280 g Erbsen	und
230 g Champignons	zufügen und weitere 20 Minuten köcheln.
200 ml Curryketchup	und
200 ml Sahne	zur Sauce geben.
340 g Ananasstücke	unterheben und darin erhitzen.

Historischer Giebel
des Neustädter Rathauses in Herford

Balkon am Rathaus in Herford

Tante Gretes Schweinebraten

1 kg Schweinelachsbraten	mit
Salz, Pfeffer	würzen, mit
Senf	einreiben und scharf anbraten. Mit
250 ml Rotwein	und
250 ml Gemüsebrühe	übergießen, aufkochen und mit
1 TL Tomatenmark	würzen. Den Deckel schließen und 90 Minuten auf kleiner Flamme schmoren (Schnellkochtopf 45 Minuten). Die Sauce mit
2 EL Sojasauce	
Kräuter nach Geschmack	und
3 EL Saucenbinder oder 3 EL Kartoffelpüree aus der Tüte	binden.

Je länger der Braten schmort, desto zarter wird er.

89

Panorama der Stadt Herford

**Das Denkmal Reichsstiftstadt Herford
symbolisiert eine über Jahrhunderte funktionierende
gemeinsame Herrschaft von Stift und Stadt.**

Überbackenes Schweinefilet mit Zwiebel-Senf-Kruste

400 g Zwiebeln	schälen und fein schneiden. In
2 EL Rapsöl	5 Minuten glasig dünsten.
2 EL Weißweinessig	unterrühren, köcheln, bis die Flüssigkeit verdampft ist.
250 g Crème fraîche	unter die Zwiebelmasse rühren und bei kleiner Hitze 5 Minuten in der offenen Pfanne köcheln.
5 TL körniger Senf (scharf)	unterrühren, mit
½ TL Salz	
½ TL Zucker	und
Pfeffer aus der Mühle	würzen, zur Seite stellen und abkühlen lassen.
800 g Schweinefilet	in 2 cm dicke Scheiben schneiden, mit der Hand flachdrücken, mit
Salz, Pfeffer	und
Paprikapulver (edelsüß)	würzen.
200 g Schinkenspeck-Scheiben	einzeln großzügig um die Filetscheiben wickeln. Die Filets nebeneinander auf ein Backblech setzen. Die Zwiebelmischung auf dem Fleisch verteilen. 30 Minuten bei 200 °C (180 °C Umluft) im vorgeheizten Backofen überbacken.

Rürups Mühle in Löhne

Orangenente

1 Ente (2 – 2,5 kg)	säubern, waschen, abtupfen. Mit
Salz, Pfeffer	
Beifuß (nach Geschmack)	innen und außen kräftig würzen.
2 Orangen	schälen, klein schneiden und damit die Ente füllen, mit der Brust nach unten in den Bräter legen und mit
125 ml Wasser (kochend)	übergießen. Im vorgeheizten Backofen bei 200 °C 2 Stunden braten, dann die Brust nach oben drehen. Danach noch etwa 30 Minuten bei 180 °C Infrabraten (Heißluft + Grill). Zwischendurch mit Bratensaft begießen.
4 EL kaltes Wasser	mit
½ TL Salz	vermischen, die Ente in den letzten 10 Minuten mit dem Salzwasser bestreichen.
2 Orangen	schälen, in Scheiben schneiden und mit
1 EL Butter	kurz anbraten, als Dekoration zur Ente geben.
4 Stück Würfelzucker	in
1 EL Butter	karamellisieren und über die Ente gießen. Für die Sauce den Bratensatz entfetten.
1 Orange	entsaften. Den Saft und
100 ml Weißwein	zum Bratensatz geben und aufkochen.
1 – 2 TL Speisestärke oder Mehl	mit etwas kaltem Wasser anrühren und die Sauce damit andicken. Zum Schluss
125 ml Sahne	unterziehen und mit
Salz, Pfeffer	abschmecken.

91

Weinranke vor einem Brennholzstapel

Entenbrust mit Zwiebeln, Äpfeln und Birnenrotkohl

Der Birnenrotkohl

1 kg Rotkohl	putzen, den Strunk entfernen und fein hobeln. Mit
4 EL Himbeeressig	beträufeln und zugedeckt 10 Minuten marinieren.
50 g fetter Speck	fein würfeln und in einem Topf auslassen. Den Rotkohl darin andünsten.
1 TL Salz	
1 Lorbeerblatt	
3 Nelken	und
1 Prise Kardamom	zufügen.
50 ml Wasser	angießen und 1 Stunde bei geringer Hitze dünsten. Dann
2 Äpfel	schälen, entkernen, würfeln und zum Rotkohl geben, weiter garen, bis der Apfel zerfallen ist. Den Rotkohl durchrühren und mit
Essig, Zucker	abschmecken.
2 Birnen	waschen, vierteln, schälen, entkernen und in Spalten schneiden. In
1 EL Butter	von beiden Seiten andünsten, mit
1 TL Zucker	bestreuen und unter Rühren den Zucker auflösen. Den Rotkohl mit den Birnenspalten anrichten.

Die Entenbrustfilets

4 Entenbrustfilets	waschen, trockentupfen und in einer Pfanne von beiden Seiten mit
2 EL Öl	anbraten, dann 10 Minuten bei geringer Hitze schmoren.
6 Äpfel	waschen, halbieren, entkernen und in eine Auflaufform legen. Die Entenbrüste mit
Salz, Pfeffer (schwarz, frisch gemahlen)	würzen, auf die Äpfel legen und etwa 25 bis 30 Minuten bei 180 °C in den vorgeheizten Backofen geben.

Die Ulenburger Allee ist mit ihren 2700 Metern Länge eine der schönsten Alleen in Ostwestfalen und als Naturdenkmal geschützt. Hier leben noch viele Tierarten wie die Waldohreule, Fledermäuse und der Hirschhornkäfer.

Die Zwiebeln

500 g Zwiebeln	schälen, in Ringe schneiden und in
40 g Butter	glasig dünsten.
1 EL Zucker	darüberstreuen, karamellisieren und
2 EL Holunder-Balsamico-Essig (Rezept S. 175)	unterrühren. Mit
Salz, Pfeffer	würzen.
4 Salbeiblätter	klein schneiden und zufügen.

Die Entenbrust in Scheiben schneiden, auf den Äpfeln mit den Zwiebeln anrichten und den Birnenrotkohl dazu reichen.
Rotkohl ist besonders reich an Vitaminen – ein wichtiger Nährstoff in der kalten Jahreszeit.

93

Bunte Zwiebelvielfalt

Hähnchentopf Vlothoer Art (für 6 Personen)

1,2 kg Hähnchenbrust	abspülen, in mundgerechte Stücke würfeln und in einem Topf verteilen.
3 Gemüsezwiebeln	grob würfeln und auf dem Fleisch verteilen.
850 g Ananas aus der Dose	abgießen, den Saft auffangen und anderweitig verwerten. Die Ananasstücke auf dem Fleisch verteilen.
250 ml Chilisauce aus dem Glas	und
250 ml Currysauce aus dem Glas	mit
200 ml Sahne	verrühren und über das Fleisch gießen. Mit geschlossenem Deckel bei 200 °C etwa 1 Stunde im Backofen schmoren.

Als Beilage Reis und frische Blattsalate.

94 Putenschnitzel mit Chili-Curry-Sauce

1 kg Putenschnitzel	halbieren, in eine Auflaufform legen und mit
Salz, Pfeffer	würzen.
490 g Ananasstücke aus der Dose	abgießen und auf den Schnitzeln verteilen.
250 ml Chilisauce aus der Flasche	und
500 ml Currysauce aus der Flasche	verrühren und über die Schnitzel gießen. Über Nacht ziehen lassen. Das Ganze 1 Stunde bei 200 °C in den Backofen geben.

Lässt sich gut vorbereiten.

Im Kreis Herford gibt es Radtouren für jeden Geschmack.

Fahr im Kreis

Fahrradfahren ist eine beliebte Fortbewegungsart für Jung und Alt. Ob mit dem Rennrad, dem Tourenrad oder dem E-Bike, es dient der Gesunderhaltung und ganz nebenbei bekommt man noch einiges zu sehen.

Ein fahrradfreundliches Projekt im Kreis Herford soll die Infrastruktur für den Alltagsradverkehr verbessern und legt einen deutlichen Schwerpunkt auf die Förderung des Freizeitradelns. »Fahr im Kreis« – in diesem Fall nicht rundherum, sondern durch den gesamten Wittekindskreis.

Auf der zugehörigen Internetseite präsentiert der Kreis Herford ein reichhaltiges Angebot unterschiedlichster Radtouren im Kreisgebiet. 15 Themenrouten, acht Tagesrouten und zehn Naturrouten in, um und ab Herford lassen sich bequem als Kartenmaterial oder GPS-Tracks im Internet herunterladen, sind als Broschüre erhältlich und meistens auch vor Ort beschildert. Dazu gibt es Informationen zu den Sehenswürdigkeiten im Wittekindskreis und einigen gastronomischen Einrichtungen. Die Internetseite ist auch für die Anwahl mit Smartphone eingerichtet, so dass man auf seinen Radtouren durch das Kreisgebiet alle Informationen direkt vor Ort abrufen kann: www.fahr-im-kreis.de

95

Familien nutzen die gemeinsame Zeit beim Radeln.

Mit dem Fahrrad unterwegs auf verschiedenen Radwegen im Wittekindskreis

Lammrücken mit Joghurt-Minze-Sauce

Der Lammrücken

2 Knoblauchzehen	abziehen und hacken.
2 Zwiebeln	und
2 Tomaten	schälen und vierteln.
1 Lammrücken (ca. 1 kg)	mit
Salz, Pfeffer	einreiben.
40 g Butterschmalz	in einem Bräter erhitzen, den Lammrücken rundherum anbraten. Gemüse und Knoblauch zugeben,
1 Zweig Thymian	und
1 Zweig Rosmarin	hacken und ebenfalls zufügen. Im vorgeheizten Backofen bei 200 °C in 15 bis 20 Minuten rosa braten.

Die Joghurt-Minze-Sauce

1 Salatgurke	schälen, halbieren, Fruchtfleisch auskratzen, sehr klein schneiden oder pürieren. Das Gurkenmus in ein Sieb geben, mit
¼ TL Salz	vermengen, das Sieb mit einem Teller beschweren und 1 Stunde abtropfen lassen.
3 – 5 Knoblauchzehen	schälen und durch die Presse geben, mit der Gurkenmasse und
250 g Sahnejoghurt	vermengen. Die Masse in eine Schale geben, mit
1 EL Olivenöl	beträufeln, mit
1 Zweig frische Minze	garnieren und kühl stellen.

96

Die Sauce eignet sich auch als Salatdressing und zu Kurzgebratenem.

Morgenstimmung am Fluss

Rehgeschnetzeltes

300 g Rehfleisch aus der Keule	mit kaltem Wasser abspülen, zuerst in dünne Scheiben, dann in dünne Streifen schneiden.
300 g frische Champignons	putzen und in Scheiben schneiden. Rehfleisch und Champignons jeweils mit
Salz, Pfeffer	würzen.
1 Zwiebel	schälen, fein hacken und in
2 EL Rapsöl	glasig dünsten. Das Fleisch hinzufügen und anbraten. Die Champignons und
2 TL Senf	zugeben, mit
1 EL Mehl	bestäuben und untermischen.
125 ml Fleischbrühe	angießen und verrühren. Das Geschnetzelte 25 Minuten im geschlossenen Topf garen. Danach
500 g saure Sahne	unterziehen.
1 Bund Schnittlauch	und
1 Bund Petersilie	fein hacken und über das Geschnetzelte streuen.

97

Der Hochsitz dient dem Jäger als Deckungs- und Witterungsschutz. Durch die Höhe gewinnt er mehr Überblick, was ihm bei der wildbiologischen Beurteilung des Wildes zugutekommt.

Abendstimmung in Siele

Brokkoli-Thunfisch-Lasagne

500 g Brokkoli	waschen, in Röschen teilen, in
1 l Wasser	mit
1 TL Salz	5 Minuten blanchieren, herausnehmen und abtropfen lassen.
2 Eier	mit
100 ml Sahne	und
2 EL Crème fraîche	verrühren, mit
Salz, Pfeffer, Paprikapulver	und
Basilikum	würzen und den Brokkoli unterheben. Zur Seite stellen. Nun
300 g Thunfisch aus der Dose	abtropfen lassen, zerpflücken und mit
400 g Tomaten (püriert)	vermengen. Die beiden Massen nun mit
250 g Lasagneplatten (ohne Vorkochen)	wie folgt in eine längliche Auflaufform schichten: Tomaten-Thunfisch-Masse, Lasagneblätter, Brokkoli-Sahne-Masse, Lasagneblätter u.s.w. Die oberste Schicht sollte Brokkoli-Sahne sein. Mit
100 g Gouda (gerieben)	bestreuen und im vorgeheizten Ofen bei 200 °C (Umluft 160 °C) etwa 40 Minuten backen.

98

Ammonit: ein Kopffüßler, der mit dem heutigen Thunfisch verwandt ist.

Sonntagsausflug

Eingelegte Salzheringe

6 Salzheringe	24 Stunden in kaltes Wasser legen. Dann Kopf, Schwanz, Flossen und einen schmalen Strelfen vorn Bauch abschneiden. Die Fische öffnen und die Innereien entfernen. Mit dem Daumen an der Gräte entlangfahren, so dass sich die obere Hälfte ablöst. Fisch flach legen und die Mittelgräte von oben her ablösen. Die schwarze Haut abstreifen. Die Heringe in 3 bis 5 cm große Stücke schneiden.
3 Zwiebeln	würfeln,
1 Möhre	in Scheiben schneiden und mit den Heringen und Zwiebeln in ein hohes, verschließbares Glas schichten.
250 ml Weinessig	und
200 g Zucker	mit
2 Lorbeerblätter	und
6 Pimentkörner	aufkochen, bis sich der Zucker gelöst hat, erkalten lassen.
2 Pck. Dill-Kräuter-Mischung	unterrühren und alles zu dem Fisch geben. Das Glas verschließen und mindestens 2 Tage kalt stellen und ziehen lassen.

99

Schmeckt auf dem kalten Buffet oder zu Bratkartoffeln.

Kanutour auf der Werre

Holzschuhe waren nach dem Krieg ein sehr gefragtes und günstiges Schuhwerk. Der »Holschken« wird heute noch manchmal zur Gartenarbeit getragen. Er erfreut sich aber auch als Dekoartikel außerordentlicher Beliebtheit.

Fischpfanne Bünder Art

1 Zwiebel	würfeln.
1 Stange Porree	putzen, waschen und in Streifen schneiden.
250 g Fischfilet (Sorte nach Geschmack)	würfeln, in
2 EL Mehl	wenden, in
2 EL Öl	anbraten und mit
Salz, Pfeffer	würzen, herausnehmen und in derselben Pfanne die Zwiebeln und den Porree anbraten. Mit
1 EL Mehl	bestäuben, anschwitzen und
400 ml Fischfond aus dem Glas	auffüllen.
150 g Kräuter-Crème fraîche	unterrühren.
100 g Räucherlachs im Stück	würfeln. Räucherlachs- und Fischfiletwürfel mit
150 g Krabben	in die Sauce geben. Mit
Salz, Pfeffer	und
Dill	abschmecken.

100

Als Beilage eignen sich Miniknödel oder Reis.

Brausemühle in Kirchlengern

Kemenas Mühle in Löhne

Pesto

Das klassische Pesto entstammt der italienischen Region Ligurien. Es besteht aus Basilikum, Pinienkernen, Knoblauch, Olivenöl sowie geriebenem Parmesan oder Pecorinokäse und grobem Salz. Bei der Herstellung von Hand sollte die sämige Masse durch Zerstoßen mit einem Mörser hergestellt werden. Dabei ist auf eine zügige Vorgehensweise zu achten. Eine Verarbeitung mit einem elektrischen Küchengerät könnte sich nachteilig auf das Aroma auswirken.

Werfen Sie beim Kauf einen Blick auf die Zutatenliste, bei vielen Produkten im Handel werden leider teure Zutaten des klassischen Rezeptes ganz oder teilweise durch billigere, ähnlich schmeckende Rohstoffe ersetzt. Frisch hergestelltes Pesto wird als Delikatesse vertrieben.

Als westfälische Variante kann man Basilikum gut durch Bärlauch ersetzen.

Fischfilet auf Erbsen und Möhren mit Pesto

1 kg Möhren	schälen, waschen und in dünne Scheiben schneiden.
2 EL Butter oder Margarine	zerlassen und die Möhren im heißen Fett andünsten. Mit
Salz, Pfeffer	und
1 Prise Zucker	würzen
5 EL Wasser	zugeben und zugedeckt etwa 5 Minuten dünsten. Die Möhren in einen flachen Bräter oder eine Auflaufform geben.
300 g Erbsen (TK oder frisch)	auf den Möhren verteilen.
800 g Fischfilet (z.B. Rotbarsch oder Kabeljau)	waschen, trockentupfen und in 4 Stücke teilen. Mit
2 EL Zitronensaft	beträufeln. Die Filetstücke auf die Erbsen legen. Mit
Salz, Pfeffer	würzen.
6 EL Pesto (gute Qualität)	auf Fisch und Gemüse verteilen.
6 Scheiben Vollkorntoast	toasten, fein zerbröseln und über den Fisch streuen.
200 ml Sahne	darübergießen. Im vorgeheizten Backofen bei 175 °C (Umluft) etwa 25 Minuten backen. Mit
2 – 3 EL Basilikum (klein gehackt)	garnieren.

101

Dazu passt ein Blattsalat.

Kräuteromelette-Roulade mit Gemüse und Lachs

50 g Hartkäse (Greyerzer oder Emmentaler)	grob reiben.
2 Tomaten	brühen, häuten, halbieren, entkernen und würfeln.
2 Frühlingszwiebeln	putzen, waschen und fein hacken.
1 Möhre	schälen, waschen und grob raspeln.
2 Bund gemischte Kräuter	waschen, trockenschütteln und fein hacken.
1 EL Butter	in einem Topf erhitzen und die Frühlingszwiebeln, Möhren und Tomaten 2 bis 3 Minuten unter Rühren anschwitzen. Mit
Salz, Pfeffer	würzen und vom Herd nehmen.
8 Eier	und
8 EL Milch	gut miteinander verquirlen, mit
Salz, Pfeffer	würzen, den Käse und die Kräuter unterrühren.
1 TL Butter	in einer großen beschichteten Pfanne erhitzen, die Hälfte der Eiermasse hineingießen und bei mittlerer Hitze 5 Minuten stocken lassen. Das Omelette im Backofen bei 60 °C warm halten. Aus der restlichen Masse ein zweites Omelette backen.
100 g Räucherlachsscheiben	in feine Streifen schneiden und mit
3 EL Crème fraîche	unter das Gemüse mischen. Die Gemüsemischung auf den Omelettes verteilen, mit
Salz, Pfeffer	würzen und vorsichtig aufrollen. Die Omelette-Rouladen in Scheiben schneiden und auf 4 Tellern anrichten.

102

Als Vorspeise ergibt das Rezept 8 Portionen.

Büste der Elisabeth von der Pfalz

Eine Königin aus Herford

Von Angelika Bielefeld

Es war einmal vor 1100 Jahren, da wuchs eine bildschöne und gelehrige Schülerin in der Klosterschule in der Abtei Herford heran. Um das Jahr 900, zur Zeit der Äbtissin Mathilde I., lebte diese Schülerin und Enkelin der Äbtissin im Stift. Sie soll eine Verwandte des Herzogs Widukind gewesen sein. Mathilde war ihr Name – die schöne Mathilde auf dem Gemälde in der Volkshochschulaula.

Heinrich, der spätere Herzog von Sachsen, hörte von ihrer anmutigen Schönheit und eilte im Jahr 909 nach Herford, um sie kennenzulernen. Er wollte unerkannt bleiben und kleidete sich als einfacher Mann. Dann sah er sie, sie trat hervor, die schneeweißen Wangen mit dem Rot der Flamme übergossen, als wären glänzende Lilien gemischt mit roten Rosen – solche Farben bot ihr Angesicht. Als Heinrich sie erblickte und die Erscheinung tief empfand, entbrannte er in einer derartigen Liebe zu ihr, dass die Verlobung keinen Aufschub erlaubte. Daraufhin zog Heinrich seine kostbarsten Kleider an und zog mit seinem Gefolge zur Abtei. Hier bat er die Äbtissin, die schöne Mathilde, die erst 14 Jahre alt war, heiraten zu dürfen, und die Großmutter gab gerne ihre Einwilligung. Schon am nächsten Tag ritten Mathilde und Heinrich in seine Heimat im Südharz, wo Hochzeit gefeiert wurde.

Wie ein Märchen klingt diese Geschichte. Im Mittelalter wurden Lebensbeschreibungen oft nur verklärt, schön, ja märchenhaft niedergeschrieben. Es ging bei dieser Hochzeit aber auch um das Vermögen, das Mathilde mit in die Ehe brachte, denn sie war ein reiches Mädchen und hatte viel Landbesitz.

Im Jahr 919 wurde Heinrich zum ersten deutschen König gekrönt und Mathilde wurde Königin. Sie bekamen fünf Kinder, drei Söhne und zwei Töchter. Ihr ältester Sohn Otto wurde zum ersten deutschen Kaiser gekrönt. Mathilde wurde sehr alt. Sie war eine mächtige, gebildete Frau und wurde als Heilige verehrt, denn sie war sehr fromm und hat viele Klöster gegründet. Herford und ihre Heimat hat sie nie vergessen und viel Gutes für diese getan.

Auch heute treffen wir in Herford noch oft auf sie. Um sie zu ehren, wurden das Mathilden-Krankenhaus und das Königin-Mathilden-Gymnasium nach ihr benannt. In der Aula der Volkshochschule gibt es ein großes Wandgemälde, das die märchenhafte Brautwerbung Heinrichs um die wunderschöne Mathilde zeigt. Auch in der katholischen Kirche St. Johann Baptist ist ein Deckengemälde von ihr zu sehen. Wie sie wirklich aussah wissen wir heute nicht mehr. Aber schön war sie doch!

103

Ausschnitt aus dem Wandgemälde »Die Brautwerbung«
in der Aula der Volkshochschule Herford

Lachsquiche

200 g Weizenmehl	
100 g Butter	
1 Ei	
2 EL Milch	und
1 Prise Salz	zu einem Teig verkneten. Den Teig in Alufolie wickeln und im Kühlschrank 30 Minuten ruhen lassen.
750 g Porree	putzen, in Ringe schneiden und waschen.
2 EL Butter	erhitzen, den Porree darin etwa 6 Minuten dünsten und abkühlen lassen.
300 g Räucherlachsscheiben	in feine Streifen schneiden.
4 Eier	mit
6 EL Crème fraîche	verquirlen. Porree und Lachs untermengen und mit
½ TL Salz	
½ TL Pfeffer (weiß)	
1 Prise Muskat	und
1 TL Zitronensaft	würzen. Eine Springform (Ø 26 cm) mit
2 EL Butter	ausfetten und mit dem Teig auskleiden. Die Fisch-Gemüse-Mischung einfüllen und im vorgeheizten Backofen bei 160 bis 170 °C (Heißluft) 30 bis 35 Minuten backen.

> Als Vorspeise ergibt das Rezept
> 8 bis 12 Portionen.

Träume vom Meer in der Strandbar in Herford

Matjessalat

200 g Matjesfilet	in Stücke schneiden.
3 Essiggurken	würfeln,
1 Apfel (groß)	schälen, vierteln, Kerngehäuse entfernen und würfeln.
2 Zwiebeln	schälen und würfeln.
1 Stange Staudensellerie	putzen, waschen, klein schneiden. Dann alle Zutaten vermengen.
1 EL Kapern	
200 g saure Sahne	
1 EL Zucker	
½ TL Salz	
3 EL Gemüsebrühe (fertig)	und
1 TL Senf	gut verrühren, mit den anderen Zutaten mischen und ziehen lassen.

Schmeckt noch besser, wenn der Salat über Nacht ziehen kann.

105

Schnelle Fischpfanne

1 Stange Porree	putzen, in Ringe schneiden, waschen und in
2 EL Rapsöl	andünsten.
600 g Fischfilet (z.B. Rotbarsch)	in Stücke schneiden und kurz mit anbraten.
300 g Tomatenstücke aus der Dose	und
150 g Ananasstücke ohne Saft	dazugeben, 15 Minuten schmoren lassen. Mit
Salz, Pfeffer	kräftig abschmecken.

Mit Reis servieren.

Das Wulferthaus in Herford wurde im Stil der Weserrenaissance erbaut.

Sieler Heringssalat

280 g Bismarckhering
aus dem Glas

3 Matjesfilets

2 Rote Bete
(eingelegt oder gekocht)

2 – 3 Pellkartoffeln

2 – 3 saure Gurken

2 – 3 Äpfel (z.B. Boskop)

2 – 3 Eier (hart gekocht)

250 g Rind- oder
Schweinefleisch (gegart)

> Auch wenn man für diesen Salat viele verschiedene gegarte Zutaten benötigt, der Aufwand lohnt sich. In Ostwestfalen wurde der Salat früher traditionell zu Sylvester gereicht.

1 Zwiebel   Alle Zutaten gleichmäßig in sehr feine Würfel schneiden, mit

1 EL Preiselbeerkompott

2 EL Weißweinessig

1 TL Senf

4 EL Öl   und

Salz, Zucker   vermengen.

100 ml Sahne   steif schlagen und unterheben. Einige Stunden durchziehen lassen, mit

Petersilie   dekorieren.

MARTa Herford

Der Ball in Herford

Für den Kreisel Schillerplatz wurde 2004 von Lucio Fabro »Der Ball« geschaffen. Er ist der Beginn und Auftakt des 153 Meter langen und erhöhten Mittelstreifens der Goebenstraße. Hier sind seit 2004 in 95 Zentimeter großen Buchstaben aus Edelmetall Passagen aus Rilkes Gedicht »Der Ball« eingelassen.

Der Text beginnt vor dem MARTa-Eingang (Museum für zeitgenössische Kunst und Design des 21. Jahrhunderts) und führt in einer beidseitig lesbaren, umlaufenden Schlaufe bis zum Kreisverkehr auf dem Schillerplatz. Dort umrundet er den Kugelsockel und läuft zurück zum Museum. Die hochpolierte Kugel aus Edelstahl hat einen Durchmesser von 3,50 Metern. Fabro hat das Gedicht ausgewählt, um MARTa auf poetische Weise an das Stadtgeschehen anzubinden.

Quelle: Denkmäler im Kreis Herford

Der Ball

Von Rainer Maria Rilke (Paris 1907)

Du Runder, der das Warme aus zwei Händen
im Fliegen, oben, fortgibt, sorglos wie
sein Eigenes; was in den Gegenständen
nicht bleiben kann, zu unbeschwert für sie,

zu wenig Ding und doch noch Ding genug,
um nicht aus allem draußen Aufgereihten
unsichtbar plötzlich in uns einzugleiten:
das glitt in dich, du zwischen Fall und Flug

noch Unentschlossener: der, wenn er steigt,
als hätte er ihn mit hinaufgehoben,
den Wurf entführt und freilässt –, und sich neigt
und einhält und den Spielenden von oben
auf einmal eine neue Stelle zeigt,

sie ordnend wie zu einer Tanzfigur,
um dann, erwartet und erwünscht von allen,
rasch, einfach, kunstlos, ganz Natur,
dem Becher hoher Hände zuzufallen.

Der Ball

Dicke Bohnen mit Speck

Dicke Bohnen schmecken frisch am besten, dann haben sie einen leicht nussigen Geschmack.
Sie enthalten wenig Kalorien und viele wertvolle Mineralstoffe.

500 g durchwachsener Speck am Stück	mit
1 Stängel Bohnenkraut	in
500 ml Wasser	geben.
¼ TL Salz	hinzufügen und bei schwacher Hitze 20 Minuten kochen.
500 g dicke Bohnen	aus den Hülsen streifen, waschen, hinzugeben, aufkochen und bei schwacher Hitze garen. Das gekochte Fleisch in Scheiben schneiden und auf vorgewärmter Platte bereitstellen.
2 EL Speisestärke	in
2 EL kaltes Wasser	anrühren und die Sauce damit binden, mit
Salz, Pfeffer	kräftig abschmecken und zusammen mit dem Fleisch anrichten.

Dazu Salzkartoffeln reichen.

Rankende Stangenbohne »Blauhilde«

Haus Kilver

Arme Ritter

2 Eier	mit
500 ml Milch	verquirlen.
8 Scheiben Weizen-Toastbrot oder Weißbrot (möglichst altbacken)	gut darin einweichen.
50 g Butter	in einer Pfanne auslassen und die Brotscheiben darin goldbraun braten, bis sie von beiden Seiten knusprig sind. Noch heiß mit
Zimtzucker	bestreuen.

> Dieses traditionelle Gericht mögen auch Kinder gern.

Brotsuppe

125 g Rosinen	in
3 EL Wein oder roter Fruchtsaft	20 Minuten einweichen.
200 g trockenes Grau- oder Weißbrot	
150 g trockenes Schwarzbrot	grob zerkleinern, mit
200 ml Wasser	in einen Topf geben und 15 Minuten einweichen. Dann unter Rühren zum Kochen bringen.
1 Prise Salz	und
2 – 3 EL Zucker	zugeben und mit einem Schneebesen so lange schlagen, bis das Brot zu einem Brei geworden ist.
1 l Buttermilch	hinzufügen, unter Rühren aufkochen. Dann die Rosinen zugeben und gut verrühren.

> Eine leckere Resteverwertung für altes, trockenes Brot.

Stukenhöfer Glocke

Himmel und Erde

750 g Kartoffeln (z.B. Blue Congo)	waschen, schälen, in
250 ml Salzwasser	20 Minuten kochen, dann mit
1 Prise Muskat	
1 TL Butter	und
100 ml Milch	grob pürieren.
750 g Äpfel	waschen, schälen, das Kerngehäuse entfernen, würfeln und 10 Minuten mit
1 EL Zitronensaft	und
1 EL Zucker	in
100 ml Wasser	kochen. Währenddessen
100 g Speck	würfeln und anbraten.
2 Zwiebeln	würfeln und mitbraten. Alles schichtweise auf einer Servierplatte anrichten und die Speck-Zwiebel-Masse zum Schluss darübergeben.

Historische Roggenernte in Gohfeld

Eine alte Pickertplatte in Kemenas Mühle in Gohfeld

Graupensuppe

75 g Perlgraupen	gründlich abspülen, bis das Wasser klar bleibt. In
Salzwasser	aufsetzen und 20 Minuten kochen, dann das Wasser abgießen.
¼ Sellerieknolle	
5 Möhren, 1 Kohlrabi	
5 mehlig kochende Kartoffeln	und
1 Stange Porree	putzen, ggf. schälen, waschen und würfeln. Kartoffeln und Gemüse in
4 EL Olivenöl	andünsten. Mit
1 l Fleisch- oder Gemüsebrühe	ablöschen, mit
Salz, Pfeffer	abschmecken und bei geschlossenem Deckel bissfest kochen. Die Graupen in die Suppe geben und durchziehen lassen.
4 geräucherte Mettwürstchen	in Scheiben schneiden, zur Suppe geben. Zum Schluss
1 Bund Liebstöckel	fein hacken und dazugeben.

111

Schnibbelbohnen-Eintopf

500 g Schnibbelbohnen	auf einem Sieb kurz mit Wasser abspülen.
750 g Kartoffeln	schälen, würfeln,
2 Zwiebeln	klein schneiden.
375 g Schweinerücken	in kleine Würfel schneiden und in
50 g Schweineschmalz	unter Wenden schwach bräunen. Zwiebeln, Kartoffeln und Schnibbelbohnen hinzufügen und alles anschwitzen.
750 ml Wasser	darübergießen. Etwa 1 Stunde bei schwacher Hitze gar kochen lassen. Mit
1 Prise Salz	abschmecken.

Im Schnellkochtopf ist der Eintopf in nur 25 Minuten zubereitet. Eintopf aus eingesalzenen Schnibbelbohnen nach einem alten Rezept ist besonders zu empfehlen.

Schütte für Grundzutaten in der Küche

Radewiger Grünkohl

4 Zwiebeln	würfeln und in einem großen Topf in
2 EL Butterschmalz	anbraten.
1 kg Grünkohl (TK)	hinzufügen und mit
500 ml Gemüsebrühe	übergießen. Mit reichlich
Salz, Pfeffer, Muskat	und
2 TL Senf	würzen und 45 Minuten garen.
1 frische Kohlwurst	
1 geräucherte Kohlwurst	sowie
600 g Kasseler	hinzufügen und weitere 30 Minuten garen. Den Grünkohl am besten über Nacht ziehen lassen. Vor dem Servieren 5 Minuten kochen, abschmecken und evtl. nachwürzen. Wurst und Fleisch herausnehmen und den Grünkohl mit
3 EL Haferflocken	binden.

> Dazu schmecken Salzkartoffeln und/oder Bratkartoffeln.

Der Wasserkrater auf dem Gelände der Aqua Magica. Der 20 Hektar große Freizeit- und Kulturpark ist seit der Landesgartenschau 2000 zu einem idealen Familienpark und einem ausgezeichneten Naherholungsgebiet zwischen Löhne und Bad Oeynhausen geworden.

Eindrucksvolles Wolkenbild über Muckum

Das Radewiger Kohlfest

Von Angelika Bielefeld

Die Jakobi-Kirche in Herford, zwischen dem Gänsemarkt und dem Deichtor in der Radewig gelegen, war im Mittelalter eine Pilgerkirche. Die mittlerweile goldene Jakobsmuschel an der Kirche zeigt dies weithin strahlend an.

Jakobspilger machten sich im Mittelalter auf den Weg nach Santiago de Compostela, zum Grab des Heiligen Jakobus. Sie konnten in Herford Rast halten, in der alten Jakobi-Kirche beten und Andacht halten. In den Herbergen der Stadt bekamen sie günstige Verpflegung und eine einfache Schlafstelle. Mit der Reformation waren die Pilger nicht mehr in der Stadt erwünscht. Die Kirche als Gotteshaus wurde geschlossen und verfiel.

Nach 60 Jahren beschlossen Bürgermeister und Bürger der Radewig, die Jakobi-Kirche wieder als Pfarrkirche einzurichten und einzuweihen. Am Donnerstag nach dem 1. Advent im Jahre 1590 war es endlich soweit – die nun lutherische Jakobi-Kirche wurde wieder geöffnet. Die Radewiger Hausfrauen hatten ein leckeres Mittagessen aufgesetzt: Grünkohl mit Rauchwurst. Der Legende nach soll auch die Kirche mit Grünkohl ausgeschmückt gewesen sein, weil wegen des ungewöhnlich schneereichen Winters kein Tannengrün aus dem Wald geholt werden konnte.

113

Anton Brudtlacht, Bürgermeister der Radewig, vererbte der Kirche einen Teil seines Vermögens. Sein Wunsch war es, dass das Kirchweihfest mit Gottesdienst, Musik und leckerem festlichem Essen – natürlich deftigem Grünkohl – gefeiert werden sollte. Bis heute findet das »Radewiger Kohlfest« am Donnerstag nach dem 1. Advent in jahrhundertelanger Tradition statt und einzelne Jakobspilger machen wieder Rast in der alten Pilgerkirche.

Klatschmohnfeld in Rödinghausen

Jacobsmuschel außen an der Jacobi-Kirche, die im Mittelalter eine Pilgerkirche war.

Holunderbeersuppe mit Grießklößchen

Holunderbeeren sind säurearm und sehr reich an Vitamin C. In der kalten Jahreszeit stärkt diese Suppe besonders die Abwehrkräfte.

Die Holunderbeersuppe

1 kg frische Holunderbeeren	sorgfältig waschen und abtropfen lassen. Beeren mit einer Gabel von den Dolden streifen. Die Früchte in
1 l Wasser	aufkochen und 10 Minuten kochen lassen. Die Flüssigkeit durch ein feines Sieb passieren. Die Früchte nur leicht stampfen, damit der Saft ausgepresst wird. Die Kerne nicht zerdrücken, weil der Saft sonst zu streng wird.
1 unbehandelte Zitrone	waschen, Schale dünn abschälen und in die heiße Flüssigkeit geben. Den Saft auspressen und beiseitestellen.
60 g Sago	einrieseln lassen und die Suppe aufkochen. Bei schwacher Hitze 15 Minuten quellen lassen.
2 säuerliche Äpfel	waschen, schälen, entkernen und in Scheiben schneiden. Zusammen mit
2 kleine Zimtstangen	in die Holunderbeersuppe geben. Bei gleicher Hitze 10 Minuten ziehen lassen, bis die Äpfel weich sind. Die Suppe mit
150 g Zucker	und dem Zitronensaft abschmecken.

Die Grießklößchen

250 ml Wasser	mit
250 ml Milch	und
1 Prise Salz	aufkochen.
1 TL Zucker	und
70 g Grieß	auf einmal einstreuen, mit dem Holzlöffel schnell rühren, bis sich die Masse als Kloß vom Topfboden löst. Den Topf vom Herd nehmen und den Grießteig etwas abkühlen lassen.
1 Ei	zufügen und gleichmäßig unter den Teig arbeiten. 2 Teelöffel in heißes Wasser tauchen und von dem Grießteig kleine Klößchen abstechen. Die Klößchen durch das Drehen beider Löffel formen, bis sie eine glatte Oberfläche haben.
1 l Wasser	leicht salzen und zum Kochen bringen. Die Grießklößchen in das kochende Wasser gleiten lassen. Sie sind gar, wenn sie an der Oberfläche schwimmen. Erst kurz vor dem Servieren in die Suppe geben, weil sie sich sonst verfärben.

> Anstatt frischer Holunderbeeren kann auch 1 Liter Holunderbeersaft (Reformhaus/Bioladen) verwendet werden.

Treckertreffen in Löhne

Klümpsken · drameln Unducht
Töffel Gedöns Spinnewippken
angeschickert bedötscht in 'n Tödder sein schrappen
Schmülleken quatern knickerig püttkern
Butze beschucken schrebbeln
wullacken verkimmeln
Tüddelkram Lauschöpper
inne Mäse sein
Hibbelkopp knodderig auf Schlür
verkasematuckeln
dölmern ausbaldowern
vermackeln ramentern Schlürschluck
vadorrich nocheins Drömmelpott
es stippelt dröge prokeln spierig stickum
muckelich Döppen dichtmachen
Erbsenmittach Awatt! Schlickersachen
schluffkern rumbölken
butz flötepiepen Bollerbuchse
juckeln Kräsken
tranklötig Hümmelchen
Senge Kiekinnewelt kein Verdrang dran
sich auf'n Patt machen Kresslüften
nuanganzpa Bömsken
vergackeiern drömeln Tuck
wegsüppeln Bangebüxe klaaterig Mickermännchen
ahlen angeschickert
Össelkopp friemeln anbucken
Eumel muffelich
kniepig Bölkhannes Plörre Knott
nix um bei haben kebbeln zu Potte kommen
da ist das Ende von weg

Pfefferpotthast

750 g Rindfleisch (Rippe oder Schulter)	würfeln,
500 g Zwiebeln	schälen. Die Hälfte davon in Scheiben schneiden, die andere Hälfte fein würfeln und alle zerkleinerten Zwiebeln in
50 g Schweine- oder Butterschmalz	kräftig anbraten. Mit
Salz	
1 TL schwarzer Pfeffer aus der Mühle	würzen. Soviel Wasser zugeben, dass der Topfinhalt bedeckt ist.
2 Lorbeerblätter	
4 Gewürznelken	und
3 Zitronenscheiben mit Schale	hinzufügen und im geschlossenen Topf unter gelegentlichem Umrühren etwa 70 Minuten köcheln. Lorbeerblätter und Zitronenscheiben herausnehmen.
2 – 3 EL Semmelmehl	einrühren und nochmals 10 Minuten durchkochen.
1 EL Kapern	und
1 – 2 EL Zitronensaft	hinzufügen und nochmals mit Salz und Pfeffer abschmecken.

116

> Dazu passen Salzkartoffeln und Rote Bete-Salat.

Die ganze Familie musste helfen, wenn Heu eingefahren wurde.

Pflaumeneintopf

250 g Bio-Trockenpflaumen	und
100 g getrocknete weiße Bohnen	über Nacht einweichen.
250 g Speck (durchwachsen)	in Stücke schneiden, in einem Topf auslassen.
1 kleine Zwiebel	würfeln.
1 kleine Stange Porree	in Stücke schneiden.
750 g Kartoffeln	schälen, grob würfeln und mit den Zwiebeln und dem Porree zum Speck geben. Mit heißem Wasser auffüllen. Pflaumen, Bohnen und
Salz	zufügen. Der Eintopf soll knapp mit Wasser bedeckt sein.
4 Rauchenden	oben auflegen, alles bei kleiner Hitze im geschlossenen Topf sämig kochen. Mit
Salz	und
1 EL Rübenkraut	abschmecken und nachsalzen.

Wenn kein Rübenkraut vorhanden, kann auch mit Zucker abgeschmeckt werden.

Mittagsmahl einer Familie bei der Ernte

Stippgrütze (für etwa 30 Portionen)

3,5 kg Schweinefleisch (Backe, Bauch mit Schwarte)	
1,5 kg Herz, Zunge, Leber (vom Schwein)	
1 kg mageres Rindfleisch	und
1 kg Zwiebeln	würfeln und in
4 l kräftige Brühe	1 Stunde kochen, abgießen, die Brühe auffangen und das Fleisch durch den Fleischwolf drehen.
500 g Hafergrütze	in der Brühe 1 Stunde unter Rühren kochen. Davon dann 1,5 l Brühe abnehmen und zur Seite stellen. Das gewolfte Fleisch in den Topf geben und kräftig mit
Salz, Pfeffer	
Muskat, Piment	
Universalwürze (flüssig)	und
Worcestersauce	würzen und nochmals 1 Stunde unter Rühren kochen. Eventuell wieder etwas Brühe zugießen, falls die Masse zu dickflüssig ist. Stippgrütze zum Aufbewahren in Behältern portionieren, abkühlen lassen.

> Die Stippgrütze lässt sich gut portionsweise einfrieren. Aus der restlichen Brühe kann man eine Schlachtesuppe kochen (mit Rosenkohl), die ist dann allerdings sehr fett.

Stippgrütze oder Wurstebrei

Wer früher in einem Haushalt mit bäuerlichen Wurzeln im ostwestfälischen Raum groß geworden ist, der kam um Stippgrütze, auch Wurstebrei genannt, nicht herum. Die nahrhafte, rustikale Speise bot in den Herbst- und Wintermonaten eine gute Grundlage für harte körperliche Arbeit. Nach dem Schlachten und der Herstellung der Würste wurden die Fleischreste mit den Innereien und Gerstengrütze in der Wurstbrühe gekocht und mit Gewürzen abgeschmeckt. Durch den relativ hohen Fettgehalt ist Stippgrütze haltbar und wird oft auch eingekocht oder eingefroren, so dass sie über den Winter verbraucht werden kann. Die Saison für Stippgrütze beginnt mit den traditionellen Schlachtfesten im Oktober und November und reicht bis ins zeitige Frühjahr. Da heute privat kaum noch geschlachtet wird, empfiehlt sich der Kauf in einem Hofladen oder beim Metzger des Vertrauens. Dort wird die Stippgrütze gewöhnlich in Wurstform oder Plastiktöpfchen angeboten.

Zur Zubereitung wird ein größeres Stück in der Pfanne ohne zusätzliches Fett angebraten, bis eine feste Kruste an der Unterseite entsteht – die sogenannten »Placken« – gelegentlich wird auch noch aufgerührt und weiter gebraten. Es entsteht eine breiige Masse, daher wohl auch die regionale Bezeichnung Wurstebrei.

Serviert wird Wurstebrei heiß aus der Pfanne und in der Regel zum Abendbrot zusammen mit oder direkt auf grobem Roggenbrot. Als Hauptgericht werden mittags Salz-, Pell- oder Bratkartoffeln dazu gereicht. Üblicherweise gehört zur Stippgrütze eine saure Gurke oder Rote Bete. Die Säure unterstützt die Verdauung und Verträglichkeit dieses fettreichen Essens. Aufgrund des hohen Fettanteils wird Stippgrütze auch gern als »Unterlage« vor größerem Alkoholgenuss gegessen.

Man kann Stippgrütze aber auch heute noch selbst herstellen. Besonders diejenigen Ostwestfalen, die in ferne Gegenden verzogen sind, machen das gerne.

Hausschlachtung in früherer Zeit

119

Westfälisches Blindhuhn

250 g getrocknete weiße Bohnen	am Vortag in kaltem Wasser waschen und mit 1,5 l Wasser bedeckt über Nacht einweichen. Am nächsten Tag in dem Einweichwasser 1½ Stunden kochen. Nach 30 Minuten
250 g Speck (durchwachsen)	zugeben.
300 g Möhren	putzen, waschen, in Scheiben schneiden,
300 g grüne Bohnen	in Stücke schneiden,
300 g Kartoffeln	schälen und in Stücke schneiden.
2 Äpfel (ca. 200 g)	und
2 Birnen (ca. 250 g)	schälen, vierteln, das Kerngehäuse entfernen. Gemüse, Kartoffeln und Obst 30 Minuten vor Ende der Garzeit zu den Bohnen geben. Mit
Salz, Pfeffer	und
1 Prise Zucker	würzen.
1 Bund Petersilie	hacken und über den Eintopf geben. Den Speck in 1,5 cm dicke Scheiben schneiden und in den Eintopf zurückgeben.

120

Nach der Überlieferung heißt es: Auch ein blindes Huhn
würde dem verführerischen Geruch folgen.

It's teatime!

Die Rose Officinalis – auch »Apotheker-Rose«
genannt – ist die älteste kultivierte Rose. Sie wird
zur Herstellung von Rosenöl angebaut.

Omas Zwiebelsauce

4 Zwiebeln	fein hacken, in
2 EL Öl	glasig braten.
250 ml Sahne	hinzufügen,
50 ml Gemüsebrühe	auffüllen und mit
Salz, Pfeffer	würzen.
½ TL Essig	dazugeben und 5 Minuten einkochen lassen. Zum Schluss mit
1 – 2 TL Rübenkraut	abschmecken.

> Eine Sauce zu Pellkartoffeln mit Hering, passt auch zu Kasseler.

Kartoffelpuffer

121

1,5 kg mehlig kochende Kartoffeln	schälen, waschen und fein reiben.
2 Zwiebeln	klein schneiden, mit
2 – 3 Eier	sowie
6 EL Haferflocken	und
1 TL Salz	kräftig verrühren.
5 EL Rapsöl	in einer Pfanne erhitzen, löffelweise kleine Portionen von der Kartoffelmasse hineingeben, flach drücken und von beiden Seiten knusprig braten. Wiederholen, bis die Masse verbraucht ist.

> Dazu reicht man traditionell frisches Apfelmus.

Bananen-Curry-Dip

1 reife Banane	klein schneiden, mit
150 g Schmand	und
1 TL Birnen- oder Apfeldicksaft	pürieren. Mit
1 TL Curry	
Salz	und
Zitronensaft	abschmecken. Nach Geschmack mit
1 EL Kokosraspel (geröstet)	verfeinern.

Damit schmecken Kindern Gemüse-Sticks besonders gut, z.B. Staudensellerie, Kohlrabi, Möhren.

Kinderstube im Rosenstrauch

Komm, spiel mit mir!

Bandnudeln mit Spinat

400 g Bandnudeln	in reichlich Salzwasser nach Packungsanweisung kochen, abgießen und gut abtropfen lassen, alles in eine gefettete Auflaufform geben.
175 g durchwachsener Speck	fein würfeln, glasig auslassen.
2 Zwiebeln	und
1 Knoblauchzehe	fein hacken und in dem Speck dünsten.
600 g TK-Blattspinat	zufügen, 10 Minuten auf kleiner Flamme auftauen lassen.
200 ml Sahne	und
200 ml Milch	mit
2 TL Speisestärke	anrühren, in den Spinat geben und aufkochen. Mit
Salz, Muskat	und
Worcestersauce	abschmecken, über die Nudeln geben und mit
100 g Schweizer Käse (in Scheiben)	belegen. Etwa 15 Minuten bei 200 °C überbacken.

123

Kürbisgespenst auf dem Hiddenhauser Apfeltag

Landleben lieben!

LandFrauen in Grundschulen

Von Annette Weitkamp

Mit der Vermittlung von Alltagskompetenzen kann nicht früh genug begonnen werden. Qualifizierte LandFrauen, »Fachfrauen für Ernährungs- und Verbraucherbildung«, führen altersgerechte Bildungsangebote, insbesondere in offenen Ganztagsschulen durch. Unter dem Motto »Der Alltag ist keine Nebensache« bieten sie Projekte zu den Themenfeldern »Natur und Umwelt«, »Nachhaltiges Wirtschaften«, »Gesunde Ernährung macht fit« sowie »Woher unser Essen kommt« an.

Mit den Kindern kann im Klassenverband oder in kleinen Gruppen im Nachmittagsangebot der Schulen gearbeitet werden. So werden die Schüler schon frühzeitig an eine gesunde Ernährung herangeführt. Sie lernen das heimische Angebot an Nahrungsmitteln kennen und werden durch die Zubereitung einfacher Gerichte zum Selbst-Ausprobieren angeregt.

Im Jahre 2012 hat die Deutsche UNESCO-Kommission die »Fachfrauen für Ernährungs- und Verbraucherbildung« als offizielles Projekt der UN-Dekade »Bildung für nachhaltige Entwicklung« ausgezeichnet. Die Auszeichnung erhalten Initiativen, die das Anliegen der weltweiten Bildungsoffensive der Vereinten Nationen vorbildlich umsetzen.

124

Im Maisfeld kann man sehr gut Verstecken spielen.

Mit Burgi auf Erkundungstour – woher kommt unser Essen?

Knusprige Erdäpfel

1 kg festkochende Kartoffeln	kräftig abbürsten, längs halbieren und jede Hälfte in 4 lange Teile schneiden.
3 EL Olivenöl	und
1 TL Kräuter der Provence	mit
1 TL Salz	mischen, Kartoffelachtel dazugeben und nochmals gut durchmischen. Ein tiefes Backblech mit Backpapier auslegen, Kartoffelachtel gleichmäßig darauf verteilen. Im vorgeheizten Backofen bei 200 °C (Ober-Unterhitze) auf der mittleren Schiene 45 Minuten garen.

Haferkekse (ergibt 2 Bleche mit 60 bis 70 Keksen)

200 g Butter	schmelzen lassen, mit
500 g Haferflocken (fest)	
100 g Sonnenblumenkerne	
2 Pck. Vanillezucker	und
100 g Zucker	locker vermengen.
2 Eier	in einer Tasse verquirlen und unter die Haferflockenmischung ziehen. Mit 2 Teelöffeln sehr lockere Teighäufchen auf ein mit Backpapier ausgelegtes Blech setzen und 10 Minuten bei 200 °C goldbraun backen. Auf einem Gitter abkühlen lassen.

125

Diese Kekse passen gut in die Brotdose, sie sind sehr ballaststoffreich.

Hafer

Krötenschleimsuppe

500 ml Gemüsebrühe	erhitzen,
300 g Brokkoli	hineingeben, aufkochen und bei mittlerer Hitze etwa 12 Minuten garen. Mit dem Pürierstab pürieren.
2 EL gehobelte Mandeln	in einer Pfanne ohne Fett goldbraun rösten. Von
125 g Kräuter-Crème fraîche	4 Esslöffel zum Dekorieren zurückhalten, den Rest zur Suppe geben, verrühren, erhitzen, aber nicht mehr kochen lassen.
2 EL gehackte gemischte Kräuter	unterrühren. Die Suppe mit
Salz, Pfeffer	
1 Prise Muskat	und
1 Schuss Worcestersauce	abschmecken. Jede Portion mit einem Esslöffel Crème fraîche und Mandeln dekorieren.

Brokkoli ist eine Nährstoffbombe und gehört zu den gesündesten Gemüsesorten.

Sammeltassen aus früherer Zeit

Kohlrabi und Möhren in Curry-Senf-Sauce

500 g Möhren	und
1 mittelgroße Kohlrabi	putzen, schälen und in feine Stifte schneiden.
2 EL Rapsöl	mit
2 EL Wasser	in einer hohen Pfanne erhitzen, das Gemüse darin kurz anbraten. Mit
500 ml Gemüsebrühe	ablöschen und bei geschlossenem Deckel etwa 8 Minuten bissfest garen. Das Gemüse mit dem Schaumlöffel herausnehmen und warm stellen.
40 g fein gemahlenes Hirsemehl oder angerührte Speisestärke	in das Gemüsewasser einrühren und 2 bis 3 Minuten köcheln. Mit
½ TL Curry	
1 TL Senf (mild)	
Salz, Pfeffer	und
Zitronensaft	abschmecken. Das Gemüse wieder zur Sauce geben.
Gehackte frische Kräuter	über die Sauce geben.

Lecker mit Kartoffeln, weil jede Menge Sauce dabei ist.
Schmeckt auch mit anderen Gemüsesorten.

Schokoladen-Milchshake (für 2 Gläser)

200 g Joghurt	
400 ml Milch	
3 EL Zucker	und
2 EL Kakao	pürieren und mit
1 EL Schokostreusel	bestreuen.

Dieser Shake liefert die tägliche Portion Calcium.

Nessie, der Drache

6 festkochende Kartoffeln	schälen, waschen, in Salzwasser garen und abgießen, mit
200 ml Milch (warm)	pürieren.
16 kleine Bratwürste (Nürnberger)	am Ende mit einem spitzen Messer kreuzweise einschneiden, in
1 EL Öl	langsam anbraten, damit sich die Enden beim Braten leicht aufrollen und wie Drachenfüße aussehen. Die Würstchen auf einer länglichen Platte hintereinander anordnen. Von einem Würstchen 2 dünne Scheiben herausschneiden und beiseitelegen.
200 g Sauerkraut aus der Dose	erhitzen und über die Würstchen geben. Das Püree in einen Spritzbeutel füllen und über die Würstchen und das Sauerkraut so verteilen, dass aus dem Püree der Körper und der Kopf des Drachens entstehen.
1 Bund Schnittlauch	waschen und als Fühler in das Püree stecken, die 2 Bratwurstscheiben als Augen setzen.
1 TL Senf	zu einem Mund formen.
2 Äpfel	waschen, in dünne Spalten schneiden und wie Rückenflossen der Länge nach in das Püree stecken.

128

Der Igel erwacht im Frühjahr.

Wollschweine im Tierpark

Pausensnacks

Tigerhappen (für 1 Kind)

> Dazu schmeckt
> 1 Packung Milch
> à 200 ml.

¼ Paprikaschote	waschen und fein würfeln. Mit
2 EL Frischkäse	verrühren und mit
Paprikapulver	abschmecken.
6 Schwarzbrottaler (Ø 4 cm)	mit der Frischkäsecreme bestreichen und je 1 Taler mit der Frischkäseseite nach oben auf einen anderen setzen (ergibt 2 Tigerhappen). Mit den 2 restlichen Brottalern abdecken.
2 Möhren	schälen, in Stifte schneiden und mit in die Brotbox geben.

Käsemöhre (für 1 Kind)

1 Möhre	waschen, schälen und längs einschneiden, so dass sie nur noch an einem Ende zusammenhängt.
1 Stück Käse (länglich, Gouda oder Edamer)	in der Größe der Möhre zurechtschneiden und in die Möhre klemmen. Die Käsemöhre in Frischhaltefolie wickeln.

129

Smoothie als Pausensnack (für 1 Kind)

1 kleine Banane	in Stücke schneiden, mit
50 g Himbeeren (TK)	
250 g Joghurt	und
2 EL Haferflocken (fein)	pürieren. Mit
1 TL Zitronensaft	und
1 EL Honig	abschmecken. Für den Transport in ein gut schließendes Gefäß füllen und am besten einen Löffel mitgeben.

> Bei einer Einladung gibt es zum Nachtisch Bananeneis. Tinchen sagt: »Ich mag keine Bananen.« Mama antwortet: »Probier es doch einmal.« Sie macht das tatsächlich und sagt. »Mmmm lecker! Zu schade, dass ich das nicht mag!«

Junge Kälbchen auf der Wiese

Ein Besuch bei Schulmeister Schnücke

Von Christa Gante

Zwischen Berg und Bahn steht in Schweicheln, einem Ortsteil der Großgemeinde Hiddenhausen, ein kleines Fachwerkhaus. Vor der großen Deelentür bieten zwei riesige Linden Schatten und hinter dem Haus wachsen im Garten Obst und Gemüse für den Haushalt.

Wir sind in der preußischen Dorfschule, die 1847 vom Meister Peter Heinrich Rottmann erbaut wurde. Hier unterrichtete Schulmeister Schnücke die Kinder, die in den nahe gelegenen Kötter- und Heuerlingshäusern lebten. Sie lernten bei ihm Rechnen, Schreiben, Lesen, Singen, Geografie und hatten Religionslehre. Bei schönem Wetter durften sie gegen Ende des Unterrichts auf dem Schulhof herumtollen. Und wenn es einen Trauerfall im Dorf gab, führten sie mit dem Lehrer den Trauerzug an und »beteten und sangen die Leiche nach Herford«.

Während die Schülerinnen und Schüler am Nachmittag zu Hause mitarbeiten mussten, weshalb es auch keine Hausaufgaben für sie gab, kümmerte sich der Schulmeister um seine kleine Landwirtschaft, die im Hause untergebracht war. Schließlich hatte das Ehepaar Schnücke im Laufe der Zeit sieben Mäuler zu stopfen. Darum wurden sie im Dorf zwar beneidet, hatten die Kötter und Heuerlinge doch recht oft zehn und mehr Kinder. Trotzdem war die Frau Schulmeisterin von morgens bis abends damit beschäftigt, für die Familie zu sorgen und für alle genug Essen auf den Tisch zu bekommen. Milchsuppe oder Hafergrütze zum Frühstück, »Mittag durcheinander« (Eintopf) zur Mittagszeit und oft nur ein Stück Brot am Abend bestimmten den Speisezettel. Leuchtende Kinderaugen gab es, wenn in der Zeit nach dem Schlachten die Mutter ein Stück Mettwurst vom »Westfälischen Himmel« auf der Deele holte und jeder eine Scheibe davon zu seinem Brot essen durfte.

Wer sich in der Schule all das genauer ansehen und noch mehr über diese Zeit erfahren möchte, ist herzlichst zu einem Besuch in der heutigen Museumsschule eingeladen.

130

Museumsschule in
Schweicheln

Spaghettinester

400 g Spaghetti	in Salzwasser bissfest garen, abgießen, abschrecken, gut abtropfen und erkalten lassen. Die Spaghetti zu kleinen Nestern drehen und in eine flache, gefettete Auflaufform legen.
8 Tomaten	überbrühen, häuten, klein schneiden und pürieren.
1 Zwiebel	fein würfeln.
1 EL Rapsöl	in einem Topf erhitzen, die Zwiebeln darin glasig dünsten, die pürierten Tomaten dazugeben und aufkochen.
2 Paprikaschoten	und
2 Zucchini	waschen, in Stücke schneiden, zufügen und weich garen. Mit
1 – 2 TL Kräuter der Provence	und der Hälfte von
je 1 Bund Oregano, Basilikum, Majoran	abschmecken. Die Sauce in die Mitte der Spaghettinester füllen und mit
100 g Parmesan (gerieben)	bestreuen. Die Spaghettinester 20 Minuten bei 160 °C (Umluft) überbacken, mit den restlichen Kräutern bestreuen und servieren.

131

Falls Ihr Kind kein Gemüse mag – einfach die gesamte Sauce pürieren.

**Klassenzimmer der
Museumsschule Schweicheln**

Blitzdip

200 g Frischkäse	und
1 EL Schmand	miteinander verrühren.
8 Radieschen	waschen, klein würfeln,
2 Frühlingszwiebeln	in feine Ringe schneiden. Beides unter die Frischkäsemasse heben, mit
Salz, Pfeffer	und
Zucker	abschmecken.
1 Knoblauchzehe	durch die Presse drücken, zugeben.
Schnittlauch (frisch)	und
Petersilie (frisch)	fein schneiden und unterrühren.

Blick auf die Hansetage und Herford aus der Luft

Die in neugotischem Stil gebaute Synagoge ist der Sitz der heutigen jüdischen Kultusgemeinde Herford-Detmold. Sie wurde 72 Jahre nach ihrer Zerstörung in der Reichsprogromnacht wieder aufgebaut.

Fladenbrot mit Lachs

400 g Sahnefrischkäse	mit
200 g Meerrettich (gerieben)	und
125 ml Sahne	in eine Schüssel geben.
1 Zwiebel	sehr fein hacken, dazugeben, mit
Salz, Pfeffer, Paprikapulver	verrühren und abschmecken.
1 Fladenbrot	waagerecht halbieren und die Creme auf die untere Hälfte streichen. Mit
250 – 300 g geräucherte Lachsscheiben	belegen.
5 Eier	hart kochen, in Scheiben schneiden, auf dem Lachs verteilen und die Fladenbrot-Torte in Stücke oder Quadrate schneiden. Nach Belieben mit etwas
Dill	dekorieren.

Die obere Hälfte des Fladenbrotes anderweitig verwenden oder mit der doppelten Menge an Zutaten zwei Fladenbrot-Torten herstellen.

133

LandFrauen-Aufstrich

5 Eier	hart kochen, abkühlen lassen, pellen und fein würfeln.
100 g Schnibbelschinken	untermischen.
1 – 2 EL Mayonnaise (nach Geschmack)	und reichlich
Schnittlauch (frisch)	unterheben. 1 Stunde durchziehen lassen. Den Aufstrich auf
Baguettescheiben	anrichten.

Roher Schinken in feine Streifen geschnitten ist eine westfälische Spezialität und wird Schnibbelschinken genannt.

Das historische Badehaus im Bauernbad Rehmerloh

Von Horst Büker

Im Jahre 1883 ließen die Eheleute Hermann und Katharina Bösch im Rehmerloher Mühlenbachtal ein Badehaus errichten, das im Volksmund nach den Erbauern »Bösch-Brunnen« genannt wurde. Nahe einer seit langem bekannten mineralhaltigen Quelle wurden bis zum Jahre 1973 sowohl Heil- als auch Reinigungsbäder angeboten.

Historisches Badehaus Rehmerloh

Samstags fanden sich die Bewohner der umliegenden Hofstellen und Dörfer beim Bauernbad ein, um sich von Schmutz und Schweiß der Woche zu befreien und das wohlig warme Wasser zu genießen. Dazu standen acht steinerne Wannen zur Verfügung, ebenso wie je ein Warte- und ein Ruheraum. Während die umliegenden Bäder im Laufe der Zeit modernisiert und den Zeitströmungen angepasst wurden, hat der Bösch-Brunnen weitestgehend seinen Ursprungszustand von 1883 erhalten und gilt heute als einziges original erhaltenes Bauernbad in Ostwestfalen-Lippe. Es steht unter Denkmalschutz und kann nach Anmeldung besichtigt werden.

Badewanne im Badehaus

Betten im Badehaus

Hugo – leicht, spritzig, lecker (ergibt 1 Cocktail)

2 – 3 Blätter frische Minze	in ein bauchiges Weinglas geben.
2 cl Holunderblütensirup (Rezept S. 175)	hinzufügen.
⅛ Stück Limette	mit den Fingern leicht auspressen und in das Glas geben. Mit
150 ml Prosecco	und
100 ml Mineralwasser	auffüllen. Nach Belieben
2 – 3 Eiswürfel	hineingeben.

Für Autofahrer oder Kinder kann man den Prosecco durch Apfelsaft ersetzen.

Heißer Hugo

135

200 ml Weißwein	in einem Topf erwärmen.
1 EL Holunderblütensirup	und
1 EL Limettensaft	zufügen. In einem Punschglas mit
2 Blätter frische Minze	servieren.

Der Hugo für die kalte Jahreszeit.

Helga (ergibt 1 Cocktail)

2 cl Holundersaft	mit
250 ml Prosecco	auffüllen,
2 – 3 Eiswürfel	hineingeben.

LandFrauen sorgen mit dem Cocktail »Hugo« für Abkühlung auf dem Schlüter-Treffen in Häver.

Kilo-Topf (für 15 bis 16 Personen)

1 kg Tomaten	würfeln, in einem feuerfesten Topf verteilen.
1 kg Rindergulasch	
1 kg Schweinegulasch	
1 kg Zwiebeln	
1 kg bunte Paprikaschoten	und
500 g durchwachsener Speck	fein würfeln.
1 kg Thüringer Mett	zufügen. Alle Zutaten nacheinander auf die Tomaten schichten.
500 ml Ketchup	
500 ml Zigeunersauce	und
250 ml Sahne	über die gesamten Zutaten verteilen. Im Backofen bei 200 °C in 3½ Stunden bei geschlossenem Deckel schmoren.

> Salzkartoffeln
> als Beilage reichen.

Kühehüten in Siele

Früher butterte man selber.

Kräuterbrot

400 g Weizenmehl Type 550

400 g frisch gemahlenes Dinkelmehl

1 TL Salz

20 g Trockenhefe

2 EL Olivenöl

> Statt Kräuterbutter kann man auch Knoblauchbutter oder Zwiebelbutter verwenden.

1 EL Honig und

450 ml lauwarmes Wasser zu einem Teig kneten (am besten mit einer Küchenmaschine). Den Teig im leicht aufgewärmten Backofen bei 50 °C etwa 30 Minuten ruhen lassen. Auf einer gut bemehlten Fläche nochmals kräftig kneten und in Backblechgröße ausrollen.

125 g Kräuterbutter auf den Teig streichen. Den Teig aufrollen und die Teigrolle in 12 Scheiben schneiden. Die Röllchen senkrecht in einer Springform anordnen. Die Oberfläche etwas glattstreichen und bei 200 °C etwa 30 Minuten backen. Das fertige Kräuterbrot auf einem Kuchengitter auskühlen lassen.

137

Mediterraner Brotaufstrich

200 g Doppelrahmfrischkäse bereitstellen.

8 getrocknete Tomaten in Olivenöl sehr klein schneiden.

1 Knoblauchzehe durch die Presse drücken und mit 2 Esslöffel Öl von den Tomaten verrühren. Mit dem Frischkäse vermischen und die Tomatenstückchen hinzufügen.

1 EL glatte Petersilie fein schneiden und unterheben. 1 Stunde ziehen lassen.

Hausierer für Küchenutensilien

Lachsrolle mit Spinat und Frischkäse

400 g TK-Spinat	auftauen lassen,
2 Eier	verquirlen, mit dem Spinat mischen und mit
Pfeffer, Muskat	abschmecken. Die Masse auf ein mit Backpapier ausgelegtes Backblech verteilen und mit
200 g Emmentaler (gerieben)	bestreuen. Im Backofen 20 Minuten bei 200 °C backen, bis der Käse braun wird. Mit dem Backpapier zu einer Rolle aufrollen und auskühlen lassen. Die ausgerollte Spinatrolle mit
200 g Kräuter-Frischkäse	bestreichen und mit
200 g Räucherlachs	belegen. Wieder zu einer festen Rolle aufrollen und in Alufolie fest einpacken. Die Rolle für etwa 8 Stunden in den Kühlschrank legen. Danach kann sie in dünne, dekorative Scheiben geschnitten werden.

> Kann als Fingerfood oder auf einem Salat serviert werden.

138

Herforder Pils-Brot

500 g Mehl	
1 EL Zucker	
1 TL Salz	
1 Pck. Backpulver	
1 Flasche Herforder Pils (0,3 l)	und
3 EL Öl	mit dem Mixer (Knethaken) zu einem Teig verarbeiten. In eine mit Backpapier ausgelegte kleine Kastenform füllen und im Backofen bei 170 °C etwa 1 Stunde backen.
100 g Butter	in Streifen schneiden und 10 Minuten vor Ende der Backzeit auf das Brot legen, weitere 10 Minuten backen.

Hopfen sorgt für die Würze im Bier.

Löhne umsteigen!

Erzählt von Heidrun Diekmann

Bekannt und berühmt wurde der Löhner Bahnhof durch Erich Maria Remarques Werk »Im Westen nichts Neues«. Nämlich, weil Unteroffizier Himmelstoß seine Soldaten das Umsteigen in Löhne üben ließ. Damit die Fronturlauber sich dort nicht verliefen, probte der Unteroffizier stundenlang das Umsteigen in der Kasernenstube. Tische stellten die Unterführung dar, die als solches zu der damaligen Zeit noch ungewöhnlich war. Auf das Kommando: »In Löhne umsteigen« mussten die Soldaten wie ein Blitz unter den Tischen hindurch auf die andere Seite kriechen. ... »Löhne umsteigen!« ist seitdem nicht nur ein Begriff in der Literatur. Er verdeutlicht auch, dass diese ostwestfälische Kleinstadt eine Eisenbahner-Stadt war, kreuzten sich hier doch einst drei wichtige Linien.

Der Löhner Bahnhof war bis Mitte des 20. Jahrhunderts ein Hauptknotenpunkt im Personen-, vor allem aber im Güterverkehr Nordwestdeutschlands. Viele Fernzüge fuhren von Berlin über Hannover und Köln nach Paris, und von Amsterdam über Osnabrück und Hildesheim nach Mitteldeutschland. Seine ehemalige Bedeutung hat der Bahnhof heute verloren und ist nur noch Regionalbahnhof. Der frühere Rangierbahnhof wurde zwischenzeitlich abgebrochen.

Noch eine Besonderheit gibt es in der Historie des Löhner Bahnhofs, das Köskenwater: Brunnenwasser, in dem Brotstücke schwimmen. Heute hat es als »In-Getränk« sicher keine Chance, aber den Pendlern am Bahnhof und den Arbeitern auf dem Feld gab das »Erntebier« neue Energie und löschte zuverlässig den Durst.

**Die neue Brücke über die Werre
für die Nordumgehung in Löhne**

Olivenbrot

250 g Mehl	
10 g Trockenhefe	
150 ml Weißwein	und
50 ml Olivenöl	zu einem glatten Teig verkneten und etwa 1 Stunde bei 50 °C im Backofen gehen lassen.
75 g Schinken	fein würfeln,
100 g Parmesan	reiben. Schinken und Parmesan mit
4 Eier	
2 TL Majoran (gerebelt)	
½ – 1 TL Salz	und
100 g Walnusskerne (gehackt)	vermischen und unter den Teig kneten.
100 g schwarze Oliven	grob hacken, ebenfalls unter den Teig kneten. Den sehr weichen Teig in eine Kastenform (Länge 32 cm) geben, im Backofen bei 50 °C etwa 1 Stunde aufgehen lassen und bei 170 bis 190 °C auf der unteren Schiene 65 bis 75 Minuten backen.

> Das Olivenbrot eignet sich zum Einfrieren.

Ohne Worte

Pikante Brottorte

	Für die erste Füllung
200 g Butter (zimmerwarm)	mit
170 g Dijon-Senf mit Honig	mischen.
1 Gemüsezwiebel	fein hacken,
200 – 300 g Räucherlachs	fein schneiden. Beides zur Senf-Butter-Mischung geben und verrühren. Für die zweite Füllung
400 g Frischkäse	
200 g Schmand	und
2 EL Weißwein	verrühren, mit
Salz, Pfeffer	und
Muskatnuss	abschmecken.
750 – 1000 g Pumpernickel oder Schwarzbrot	lagenweise in eine Form geben, mit der ersten Füllung bestreichen und die nächste Lage mit der Hälfte der zweiten Füllung bestreichen. Mit
100 g gehackte Pistazien	bestreuen, erneut eine Lage Brot einschichten, die restliche Frischkäse-Füllung darübergeben und kühl stellen.

> Eignet sich für eine Party oder auf einem Buffet.

141

Pfefferbrötchen

150 g weiche Butter	cremig rühren.
300 g Kochschinken	würfeln und
100 g Käse	reiben.
20 g grüner Pfeffer (in Lake)	mit einer Gabel etwas zerdrücken. Alle Zutaten mit
125 ml Sahne	verrühren.
8 Brötchen zum Aufbacken	halbieren und die Masse auf den Brötchen verteilen, auf ein Backblech legen und bei 175 °C etwa 15 Minuten backen.

»Moderne Technik«

Schinken-Käse-Rollen (ergibt 18 bis 20 Stück)

200 g Mager- oder Frühlingsquark	
6 EL Milch	
8 EL Öl	
2 Eier	
400 g Mehl	
1 gestr. TL Salz	
4 TL Backpulver	und
1 EL gehackte Petersilie	mit dem Handmixer zu einem Teig verarbeiten, noch kurz mit der Hand durchkneten und auf einer bemehlten Unterlage ausrollen. Quadrate von 10 x 10 cm ausschneiden.
10 Scheiben Kochschinken	halbieren.
2 Scheiben Gouda (knapp 1 cm dick)	in 1 cm breite und etwa 8 cm lange Stangen schneiden. Die Teigquadrate jeweils mit Schinken und einem Stück Käse belegen, aufrollen und mit der »Nahtstelle« nach unten auf ein gefettetes Backblech legen. Mit
3 EL Dosenmilch	bestreichen und bei 200 °C (Umluft 170 °C) etwa 12 Minuten backen. Zum Schluss mit
50 g Käse (gerieben)	bestreuen und nochmals 8 Minuten backen.

Schwebender Engel am ehemaligen Hof Eickum Nr. 8

Engelsroute im Kreis Herford

Von Gerd Aupke

Die auf den Torbögen und Kopfbändern unserer Bauernhäuser im Kreis Herford befindlichen geschnitzten und gemalten Engel sind ziemlich einmalig und sollten uns mit Stolz erfüllen. An dieser markanten Stelle im Torbogen wurden zeitgleich auch noch andere Schnitzereien wie z.B. der Sechsstern, das Sonnenrad, Blumen oder Löwen angebracht. Es ist nicht klar zu definieren, warum plötzlich Engel auftauchen, Tatsache ist aber, dass dies im 18. und 19. Jahrhundert geschah, danach nicht mehr. Auf Grund des dann folgenden Mauerwerks aus Ziegeln wurden zumindest die Außenmauern nicht mehr in Fachwerk errichtet, somit fehlte das Schnitzmaterial Holz.

Folgt man den wissenschaftlichen Ausführungen von Gertrud Angermann zum Thema »Engel an Ravensberger Bauernhäusern«, so könnte es auf den Bielefelder (Theesener) Zimmermann Wellhöner zurückzuführen sein. Diese These in ähnlicher Form vertritt auch der Pastor a.D. Jürgen Melchert, damals Herford, in seinem Büchlein »Engel über der Tür, in Holz geschnitzter Glaube an Herforder Bauernhäusern«, wobei er verstärkt die christliche Erweckungsbewegung Anfang/Mitte des 19. Jahrhunderts mit hineinspielen lässt.

Der Landwirt, der früher wie heute sehr stark der Natur und deren Unbilden ausgesetzt ist – und dem christlichen Glauben sehr stark zugetan – wollte mit der Engeldarstellung dokumentieren, dass er sich, seine Familie und sein Eigentum dem Höheren anvertraue. Dies wurde besonders dadurch symbolisiert, dass er den Engeln neben einer Trompete auch den Hausschlüssel mitgab. So konnten diese bei Not sofort sein Anwesen betreten und helfen, denn die Engel galten aus seiner Sicht als jederzeit für ihn vermittelnd und sogar stetig präsent, wenn auch von Personen nicht sichtbar.

Die Torschräge befindet sich am »Deelentor«, also dem wirtschaftlichen Haupteingang eines Hofes, durch den damals die Korn- und Heuernte zur Lagerung auf dem Boden oder Balken gebracht wurde. Die Pferde und Kühe waren rechts und links auf der Deele untergebracht. Man bedenke die tiefe Gläubigkeit und Abhängigkeit von der Natur, die von höherer Macht gesteuert wurde und damit die bäuerliche Existenz beeinflusste. Dies geht aus vielen Giebel-/Torinschriften an Bauernhäusern hervor, in denen christliche biblische Sprüche und Bitten verwendet wurden. Darin war oft auch der Hinweis auf Engel enthalten.

143

> *Gott Bewahr doch Dieses Haus*
> *Alle die Da Gehen Ein und aus*
> *Laß deine lieben Engelein*
> *Unser Wechter und Geferten Sein*
> *usw.*
>
> *(Teilspruch, Hof Sielmann, Oldinghausen)*

Engel mit Lorbeerkranz im Torborgen in Hiddenhausen

Apfelspalten auf Holunderbeersauce

500 ml Holunderbeersaft	mit
80 g Zucker	und
1 Msp. Zimt	zum Kochen bringen.
1 geh. EL Speisestärke	mit etwas
Wasser	anrühren und den Saft damit andicken.
4 säuerliche Äpfel	waschen, Kerngehäuse entfernen, in Spalten schneiden und in die Sauce geben.

> Dazu schmeckt ein Grießpudding.

Apfel-Streusel-Auflauf

144

6 Äpfel (z.B. Boskop)	schälen, die Kerngehäuse entfernen und die Äpfel vierteln. Mit dem Saft von
1 Zitrone	
2 EL Rosinen	und
3 EL Zucker	weich dünsten und in eine Auflaufform geben.
100 g Mehl	
100 g Zucker	
100 g Butter	und
50 g Kokosraspel	zu einer Streuselmasse verkneten und darübergeben. Bei 200 °C etwa 20 Minuten backen.

> Schmeckt besonders gut mit Vanillesauce oder Vanilleeis.

Große Wäsche an der Else

Geschichtete Apfel-Marzipan-Creme
(für 6 Personen)

500 g Äpfel	schälen, das Kerngehäuse entfernen und würfeln. In
4 EL Apfelsaft	weich dünsten, abkühlen lassen. Von
1 unbehandelte Zitrone	die Schale abreiben und auspressen.
200 g Marzipan-Rohmasse	mit dem Zitronensaft und der Zitronenschale glattrühren.
1 Pck. Vanillezucker	
65 g Zucker	
500 g Quark (20 % Fett)	dazugeben und alles zu einer glatten Creme verrühren.
150 ml Sahne	steif schlagen und unterheben. Nach Wunsch mit etwas
Amaretto	verfeinern.
300 g Sandkuchen	in kleine Würfel schneiden. Zuerst Kuchen, dann Äpfel und dann Creme nacheinander in eine Glasschale oder portionsweise in Gläser füllen. Die oberste Schicht sollte Creme sein. Gut durchkühlen lassen und vor dem Servieren mit etwas
Zimt	und
2 EL Mandelblättchen (geröstet)	bestreuen.

145

LandFrauen beim »Dinner en blanc« auf der Elsebrücke

Unsere »Else« beim Else-Event am gleichnamigen Fluss

Rhabarber-Crumble (für 6 Personen)

2 unbehandelte Orangen	die Schale abreiben, auspressen, etwa 200 ml Saft abmessen. Die Orangenschale mit
100 g Zucker	
200 g Mehl	
100 g Haferflocken (Schmelzflocken)	und
2 TL Zimt	in einer Schüssel mischen.
190 g Butter (zimmerwarm)	zugeben und alles mit den Händen zu einem grobkrümeligen Teig verkneten.
1 kg Rhabarber	putzen, in etwa 3 cm lange Stücke schneiden, mit
20 g Vanillepudding-Pulver (½ Pck.)	und
100 g Zucker	mischen und in eine ofenfeste Form oder 6 bis 8 runde Förmchen geben. Den Orangensaft darübergießen und den Teig darüberkrümeln. Den Crumble auf dem Rost im vorgeheizten Backofen auf der untersten Schiene 50 bis 60 Minuten backen (Umluft ist nicht empfehlenswert). Crumble aus dem Ofen nehmen und 10 Minuten ruhen lassen.

146

Heiß mit Vanilleeis servieren.

Der Weserbogen bei Vlotho

Buttermilchgelee

6 Blatt rote Gelatine	10 Minuten in einer Tasse mit
250 ml Wasser (kalt)	einweichen.
500 ml Buttermilch	mit
3 EL Zucker	und der abgeriebenen Schale von
1 unbehandelte Zitrone	verrühren und abschmecken. Die ausgedrückte Gelatine in
2 EL Wasser (heiß)	auflösen und unter die Buttermilchmasse rühren, in Dessertschalen verteilen und kühl stellen, bis sie fest ist.

> Dazu reicht man Vanillesauce.

Cassis-Birnen (für 10 Personen)

5 reife, feste Birnen	vierteln, schälen und entkernen. Zur Seite stellen.
3 EL Zucker	in einem Topf karamellisieren. Mit
250 ml Orangensaft	und
750 ml Johannisbeer-Saft (schwarz)	ablöschen.
2 Nelken	
1 Zimtstange	
1 Sternanis	und die abgeriebene Schale von
1 unbehandelte Orange	zugeben, alles um ein Drittel einkochen. Gewürze entfernen, die vorbereiteten Birnen einlegen und bei sanfter Hitze bissfest garen.

Die Spätsommersonne gibt ihnen den letzten Schliff, dann können die Birnen geerntet werden.

Himbeer-Pfirsich-Tiramisu

8 Pfirsichhälften	würfeln, mit
400 g Himbeeren	in eine flache Form geben und mit
2 EL Zitronensaft	beträufeln.
500 g Mascarpone	und
500 g Vanille-Joghurt	mit
200 g Schmand	verrühren und über das Obst geben. Mit
8 EL brauner Zucker	bestreuen und 1 Stunde ziehen lassen.

Obst und Creme im Wechsel in Gläser schichten und mit dem Zucker bestreuen. Sieht auf jedem Buffet effektvoll aus.

Frisch geerntete Himbeeren

Historische Zigarrenkiste

Bünde und seine Zigarren

Erzählt von Hanne Ledebur

Bünde, mitten im Ravensberger Land, war um 1900 Schwerpunkt der westfälischen Zigarrenindustrie und die »Zigarrenkiste Deutschlands«. Im Vertragsgebiet des Deutschen Zollvereins bot Bünde nach den zollrechtlichen Bestimmungen einen wichtigen Standortvorteil. Pionier der Zigarrenindustrie war Tönnies Wellensiek, der den ersten Rohtabak nach Bünde brachte. Er hatte das Zigarrenmachen in Bremen gelernt. Das Wort Tabak stammt aus dem Indianischen und bedeutet »Rauchrohr«. Bünde hat seinen damaligen wirtschaftlichen Aufschwung der Zigarrenindustrie zu verdanken. Die bekannteste Marke der damaligen Zeit war »Handelsgold.« Heutzutage gibt es nur noch einige kleinere Firmen, die sich mit Zigarrenspezialitäten auf dem Markt behaupten können.

Das Deutsche Tabak- und Zigarrenmuseum befindet sich ebenfalls in Bünde. Dort findet man eine umfangreiche Ausstellung rund um den Tabak. Rauchutensilien aus aller Welt, Handwerksgeräte zur Zigarrenherstellung und natürlich die größte Zigarre der Welt. Sie ist 170 cm lang, wiegt

Das Zollamt in Bünde ist zuständig für die Ausgabe von Tabaksteuerzeichen in ganz Deutschland.

In der Zigarrenfabrik

18 Pfund und hat einen Umfang von 68 cm. Sehenswert! Das Denkmal »Steinmeister und Wellensiek« vor dem Rathaus erinnert an die Gründer der Zigarrenindustrie.

Viele Handgriffe sind nötig, bis die Zigarre in den Handel kommt. Die Tabakblätter, leicht feucht, werden von der Mittelrippe befreit. Das muss sehr vorsichtig geschehen, damit die Blätter nicht einreißen. Dann entstehen die sogenannten »Wickel«. Ein Wickel besteht aus der Tabakeinlage, die in ein Umblatt gerollt und gepresst wird. Die Wickelherstellung ist eine hohe Kunst, denn die Einlage muss eine gleichmäßige Festigkeit aufweisen. In der Presse erhalten die Wickel ihre endgültige Form. Jede Firma hat für ihre Zigarren eine eigene Form, denn davon hängt der Umsatz ab. Für das Deckblatt, das die Wickel bekommen, nimmt man oft zwei Tabaksorten, nämlich Sumatra oder Brasil. Es sind in der Regel sehr schöne und fehlerfreie Blätter. Dann werden die Zigarren gebündelt, nochmals gepresst und getrocknet, mit einer Banderole versehen – der sogenannten Bauchbinde – und in die Zigarrenkiste verpackt. Die Bauchbinde gehört zur Visitenkarte des Herstellers.

Steinmeister und Wellensiek

Müslitraum (für 6 bis 8 Personen)

2 Gläser Sauerkirschen (à 480 g)	gut abtropfen lassen, mit
2 EL Zimtzucker	über Nacht marinieren.
500 g Quark	
200 g Doppelrahm-Frischkäse	
100 g Puderzucker	und
5 EL Milch	zu einer cremigen Masse verrühren.
250 ml Sahne	steif schlagen und unter die Masse heben. Alle Zutaten der Reihe nach in eine große Schüssel schichten. Mit
200 g Schoko-Müsli (feinherb)	bestreuen. Der Müslitraum muss einige Stunden durchziehen.

Regionale Nahrungsmittel zieren dieses Dekohaus zum Tag der Regionen. Im Kreis Herford nimmt die Gemeinde Rödinghausen an diesen alljährlichen bundesweiten Aktionstagen teil. Der Verbraucher wird mit den Vorteilen des regionalen Wirtschaftens vertraut gemacht.

150

Abendstimmung in Ahle

Ravensberger Apfeltraum

100 g Löffelbiskuits	auf den Boden einer Glasschale legen. Mit
4 EL Calvados	tränken.
700 g Apfelmus	über die Biskuits geben.
250 g Quark	
250 g Mascarpone	und
100 g Zucker	miteinander verrühren.
250 ml Sahne	steif schlagen, unter die Quarkmasse heben und die Masse über das Apfelmus geben. Mit
Zimtzucker oder Kakao	bestäuben.

Für das Apfelmus eignen sich Boskop oder Elstar am besten.

151

Regionale Apfelvielfalt

Feuerwerk über dem Wittekindsland

Westfälische Quarkspeise

150 g Pumpernickel oder dunkles Vollkornbrot	zerbröseln.
100 g Bitterschokolade	in Stückchen hacken, mit dem Brot mischen und mit
2 EL Rum oder Kirschwasser	beträufeln. Die Masse über Nacht durchziehen lassen.
500 g entsteinte Sauerkirschen	aufkochen.
30 g Speisestärke	mit etwas kaltem Wasser anrühren und zu den Kirschen geben. Nochmals aufkochen lassen und mit
1 – 2 EL Zucker	abschmecken.
500 g Quark	mit
125 ml Milch	
100 g Zucker	und
1 Pck. Vanillezucker	gut verrühren.
200 ml Sahne	steif schlagen und unter die Quarkmasse heben. Zuerst die angedickten Kirschen, dann die Pumpernickelmasse und zuletzt die Quarkmasse in eine möglichst schmale Glasschale schichten, oder portionsweise in Weingläser füllen.

Es kann auch anderes Obst verwendet werden, z.B. Himbeeren.
In der Weihnachtszeit passen statt der Brotkrümel auch
Lebkuchen oder Spekulatius gut.

**Früchte des Sommers –
traditionell konserviert**

Quarkauflauf

50 g Butter	und
100 g Zucker	schaumig rühren, mit
2 – 3 Eier	
500 g Magerquark	
40 g Grieß	
20 g Vanillepudding-Pulver (½ Pck.)	
1 Pck. Backpulver	
50 g Rosinen	und
2 EL gehackte Mandeln	vermischen.
500 g geraspelte Äpfel	unterheben, in eine gefettete Auflaufform geben und bei 175 °C etwa 50 bis 60 Minuten backen.

> Schmeckt warm am besten, dazu reicht man Vanillesauce.

153

Rote Grütze-Lasagne (für 8 Personen)

400 ml Sahne	steif schlagen. Mit
500 g Mascarpone	
300 g Naturjoghurt	
2 EL Zucker	und
2 Pck. Vanillezucker	verrühren. Etwa die Hälfte der Masse in eine eckige Form geben.
2 Pck. Löffelbisquits (ca. 32 Stück)	über die Masse legen. Die zweite Hälfte der Creme darübergeben.
400 g püriertes Beerenobst (Rote Grütze)	auf der Masse verteilen.
100 g weiße Schokolade	raspeln und auf das Beerenobst streuen. Die Lasagne einen Tag durchziehen lassen.

Die Warmenau bildet die Grenze zwischen den Bundesländern Nordrhein-Westfalen und Niedersachsen.

Obstsalat nach LandFrauenart

750 g Erdbeeren	waschen, putzen und halbieren.
8 Kiwis	schälen, halbieren und in Scheiben schneiden.
850 g eingekochte Aprikosen oder Pfirsiche	abgießen, Flüssigkeit auffangen und die Früchte in Würfel schneiden. Mit dem anderen Obst vermengen.
3 EL Erdbeer-Marmelade	
2 EL Zitronensaft	mit
4 EL Aprikosen- oder Pfirsichsaft	verrühren und unter die Früchte mischen. Mindestens 30 Minuten ziehen lassen. Für die Sauce
250 g Mascarpone	mit
200 ml Eierlikör oder Vanillesauce	
5 EL Milch	und
2 Pck. Vanillezucker	verrühren und kühl stellen. Obstsalat anrichten und die Sauce getrennt dazu reichen.

Leckere Erdbeerzeit

Insektenhotel am Bismarckturm in Herford

Der Rödinghauser Nonnenstein ist in aller Munde

Von Birgit Steinmeier

Es ist Sommer 2005, als der Wunsch nach einem kleinen Präsent im LandFrauenverband Rödinghausen die Runde macht. Es soll etwas Kleines sein, etwas Typisches aus der Region, etwas Einmaliges.

Wie wäre es mit einer Praline?

Einmal beschlossen, wird die Herstellung sofort in die Tat umgesetzt. Die ersten kleinen Leckereien werden in der pri-

Der echte Nonnenstein

vaten Kleinküche gefertigt – Aussehen, Zutatenmischung und Dekoration noch laufend verändert, bis der Rödinghauser »Nonnenstein« geboren ist. Eine Praline in Quaderform in Anlehnung an die Steine, aus denen der bekannte Aussichtsturm auf dem Kamm des Wiehengebirges errichtet wurde, ist das Erkennungszeichen der Gemeinde.

Die Art der Zubereitung und auch die Zutaten sind gut gehütetes Geheimnis der Land-Frauen in Rödinghausen. Nur eines wird verraten: Bestandteil ist eine gute Portion des berühmten Wiehengebirgstropfens, ein Kräuterschnaps aus der Region.

Aufgrund des großen Interesses an den mittlerweile berühmten süßen Nonnensteinen wurde ein Pralinenteam gegründet. Inzwischen ist die Pralinenproduktion fester Bestandteil im Jahresablaufplan der Rödinghauser LandFrauen.

155

Die fertigen Nonnensteine

Eine Praline im Tauchbad

Goldtröpfchentorte

Der Knetteigboden

250 g Mehl	mit
2 TL Backpulver	mischen.
75 g Zucker	
1 Ei	
75 g kalte Butter	und
1 Prise Salz	zufügen und mit dem Knethaken zu einem glatten Teig verarbeiten. Den Knetteig für etwa 30 Minuten in den Kühlschrank stellen und ruhen lassen.

> Diese Torte muss unbedingt 1 Tag vor dem Verzehr zubereitet werden, damit sich Goldtröpfchen bilden.

Die Füllung

500 g Magerquark	mit
250 g Sahnequark	
1 Pck. Vanillezucker	und
1½ Pck. Vanillepudding-Pulver	verrühren.
3 Eier	trennen, das Eiweiß beiseitestellen, die Eigelbe mit
150 ml Rapsöl	
150 g Zucker	und dem Saft von
1 Zitrone	vermischen und unter die Quarkmasse heben.
250 ml Milch	nach und nach zufügen. Eine Springform fetten. Zwei Drittel des Teiges ausrollen und in die Form legen. Ein Drittel des Teiges zu einer Rolle formen und am Rand der Form hochziehen. Die Füllung hineingießen. Die Form im Backofen in 40 Minuten bei 180 °C backen und aus dem Ofen nehmen. Für das Baiser das Eiweiß steif schlagen und
100 g Zucker	einrieseln lassen. Auf dem heißen Kuchen verteilen und mit einer Gabel kleine Wölkchen ziehen, wieder in den Ofen geben und weitere 20 Minuten bei leicht geöffneter Backofentür bei 180 °C backen. Den Kuchen auskühlen lassen und über Nacht abgedeckt in den Kühlschrank stellen, dann bilden sich kleine Goldtröpfchen auf dem Baiser.

156

Glückliche Hühner in Siele

Hiddenhauser Apfeltorte

100 g Margarine	und
100 g Zucker	
100 g Mehl	
2 Eier	und
1 TL Backpulver	zu einem Teig verarbeiten, in eine Springform füllen und bei 200 °C etwa 20 Minuten backen und abkühlen lassen.
5 säuerliche Äpfel (z.B. Boskop)	schälen, Kerngehäuse entfernen, grob raspeln.
250 ml Wasser	mit
200 g Zucker	zum Kochen bringen, die Äpfel hinzufügen.
1 Ei	verquirlen, mit
1 Pck. Vanillepudding-Pulver	verrühren und in die Apfelmasse geben, nochmals aufkochen. Den Saft von
1 Orange	und den Saft von
1 Zitrone	unter die Apfel-Eier-Masse rühren. Einen Tortenring um den Boden stellen, die Apfelmasse auf den Boden geben und einige Stunden kühl stellen. Vor dem Servieren
400 ml Sahne	schlagen und daraufstreichen. Mit
30 g Raspelschokolade	bestreuen.

**Hiddenhauser Apfelblüte im
Hintergrund das Wiehengebirge**

Aufwändige Tischdekoration

Das Stiftspfortenfest –
ein Ort, an dem Geschichte gelebt wird

Von Friedel Wilmsmann

In Stift Quernheim ist das Stiftspfortenfest inzwischen etabliert. Die Werbegemeinschaft Stift-Quernheim-Klosterbauerschaft beschloss 2011, dass in diesem geschichtsträchtigen Ort die Vergangenheit einfach nicht »außen vor« bleiben kann und darf ... im Oktober 2011 wird bereits das erste Stiftspfortenfest gefeiert, mit großem Erfolg. Das Fest, das seitdem alle zwei Jahre stattfindet, beschäftigt sich mit der Geschichte des Stiftes Quernheim.

Beim ersten Stiftspfortenfest herrschte schon nach dem gut besuchten plattdeutschen Gottesdienst in der Stiftskirche ein munteres Treiben auf dem Festplatz. Die Besucher ließen es sich nicht nehmen, sich die Vorführungen traditionellen Handwerks anzusehen. In historische Gewänder gekleidet zeigten ortsansässige Handwerker, wie früher mit alten Werkzeugen und Techniken gearbeitet wurde. Mit von der Partie waren Tischler, Optiker, Schuhmacher und auch der Apotheker, der einen selbst gemachten Kräuterlikör nach einem Rezept

Stiftskirche in Stift Quernheim

aus dem 13. Jahrhundert kredenzte. Immer wieder huschten auch zwei Stiftsdamen, dargestellt von Vorstandsfrauen der Werbegemeinschaft, ins Bild. Und natürlich fehlte auch die Dame nicht, die die Trachten genäht hatte.

Dazu gab es jede Menge Gaumenfreuden aus alten Zeiten. »Schillegassen«, ein Graupeneintopf, gehörte ebenso dazu wie Stippgrütze, Spanferkel und Kartoffeln in allen Variationen. Selbst gebackenes Brot, die bekannten »Hedewigte«, und am Nachmittag ein reichhaltiges Buffet mit Kuchen und Torten wie zu Urgroßmutters Zeiten rundeten das kulinarische Angebot ab. Bezahlt wurde übrigens nicht mit Euro, sondern nur mit dem »Stiftstaler«, der in einer Hütte getauscht werden musste.

Die Geschichte des Damenstiftes wurde anlässlich des Festes im Gemeindehaus wieder lebendig, wo es in einer Ausstellung alte Dokumente, Fotos, Skizzen und Gemälde zu sehen gab. Der Ortshistoriker, der sich um die Aufarbeitung der Geschichte des Stiftes, der Stiftskirche und ihres Umfeldes verdient gemacht hat, hatte sie zur Verfügung gestellt. Ein Vortrag über die Historie der Stiftskirche und des Damenstiftes machte klar, dass hier tatsächlich viel Geschichte verborgen liegt.

Der Erlös des Festes wurde für das Stiftspfortendenkmal verwendet, das an historischer Stelle aufgestellt werden sollte. Die alte Pforte, im 12. Jahrhundert erbaut, dreimal dem Feuer zum Opfer gefallen und nach einem Brandanschlag im Jahre 1913 nicht wieder aufgebaut, wollte man durch eine rund 2,5 Meter hohe Skulptur ersetzen, die den linken Pfosten und den Ansatz des Torbogens zeigt. Ein Modell davon konnten die Besucher des Festes bereits anschauen.

Bereits im Jahr 2013 wurde das Stiftspfortendenkmal Wirklichkeit. Der Erlös des ersten Festes, zahlreiche Spenden und die Einnahmen aus dem Verkauf der Pfortensteine reichten schließlich aus, das Denkmal zu errichten.

Herrenhaus in Stift Quernheim

Mohr im Hemd

6 Eier	trennen, das Eiweiß zu steifem Schnee schlagen. Die Eigelbe mit
150 g Zucker	schaumig rühren.
200 g Bitterschokolade	im Wasserbad auflösen, unter die Eigelbe rühren und den Eischnee vorsichtig unterheben. Eine Kastenform mit
2 EL Butter	einfetten, mit
2 EL Semmelbrösel	ausstreuen. Den Teig einfüllen und bei 160 °C rund 40 Minuten backen, abkühlen lassen (fällt zusammen!) und stürzen. Den Kuchen einmal durchschneiden und den unteren Boden mit
4 EL Johannisbeergelee	bestreichen und wieder zusammenfügen.
400 ml Sahne	steif schlagen, den erkalteten Kuchen damit überziehen.
100 – 150 g gehackte Mandeln	in
1 EL Butter	und
2 EL Zucker	rösten und auf dem Kuchen verteilen. Gut durchziehen lassen und gekühlt servieren.

Ein Ruderboot für Verliebte am Hücker Moor

Moor im Kurbad Randringhausen

Pflaumenkuchen

2 kg Pflaumen	putzen, aufschneiden und entsteinen.
150 g Butter	cremig rühren.
150 g Zucker	und
2 Eier	zur Butter geben.
500 g Mehl	mit
1 Pck. Backpulver	mischen und ebenfalls dazugeben.
150 – 250 ml Milch	unterrühren und alles zu einem Teig verarbeiten. Den Teig auf einem gefetteten Backblech verteilen und mit den Pflaumen (mit der »Hautseite« nach unten) belegen.
150 – 200 g Butter	
200 g Zucker	
300 g Mehl	
1 Pck. Vanillezucker	und
1 Msp. Zimt	vermengen und mit den Händen oder 2 Gabeln zu einer krümeligen Masse verarbeiten. Die Streusel gleichmäßig auf die Pflaumen geben. Bei 200 °C etwa 20 bis 25 Minuten backen.

> Anstelle der Streusel kann man auch Vanillepudding auf den Pflaumen verteilen.

161

Am 6. Januar findet in Enger das traditionelle Timpkenfest statt. Timpken (=Zipfelchen) werden an alle Gottesdienstbesucher ausgeteilt. Diese Tradition geht auf den Sachsenkönig Widukind zurück und war ursprünglich eine Armenspeisung.

Stockbrot-Backen ist beliebt bei allen Kindern.

Rhabarberkuchen

400 g Mehl	mit
250 g Margarine	
250 g Zucker	
1 Pck. Vanillezucker	
3 Eier	und
2 – 3 EL Milch	zu einem Teig verkneten. Entlang des Rands eines Backblechs mit Alufolie einen Überstand formen, damit der Kuchen nicht überfließt. Das Backblech mit
3 EL Butter	bestreichen. Den Teig auf dem Blech ausrollen.
1 – 1,2 kg Rhabarber (ungekocht)	putzen, in kleine Stücke schneiden und auf den Teig legen.
2 Pck. Vanillepudding-Pulver	und
375 g Zucker	mit
750 ml Wasser	zu einem Pudding kochen und über den Rhabarber streichen. Bei 200 bis 220 °C etwa 35 Minuten backen. Für den Guss
3 Eier	trennen. Die Eigelbe mit
100 g Zucker	schaumig rühren. Das Eiweiß zu Schnee schlagen, unter die Eigelbmasse heben und diesen Eierguss auf den Kuchen streichen. Nochmals 10 Minuten backen.

Ein Bett im Kornfeld!

Mähdrescher bei der Ernte

Rotweinkuchen

250 g Butter	cremig rühren, nach und nach
250 g Zucker	
5 Eier	
2 TL Zimt	
2 TL Kakao	und
125 ml Rotwein	hinzugeben.
300 g Mehl	mit
1 Pck. Backpulver	mischen und unterrühren.
150 g Schokoladenstreusel	hinzugeben und unterrühren. Den Teig in eine Springform geben und bei 175 °C etwa 45 bis 50 Minuten backen, abkühlen lassen und aus der Form nehmen.
125 g Schokoladenglasur	im Wasserbad erhitzen und den Kuchen damit überziehen.

Schmeckt mit jedem Tag besser!

163

Ausschlagen des Korns mit einem Dreschflegel auf dem Entgelhof

Frischer Butterkuchen aus dem Holzofen

Nordwestdeutsche Philharmonie

Regional verankert, international gefragt: Mit jährlich rund 120 Konzerten in Ostwestfalen-Lippe nimmt die Nordwestdeutsche Philharmonie (NWD) mit Sitz in Herford ihre Verantwortung als eines von drei NRW-Landesorchestern ernst, profiliert sich aber auch weltweit als kultureller Botschafter der Region, in der sie seit mehr als sechs Jahrzehnten zuhause ist. 1950 als Städtebundorchester mit dem Auftrag gegründet, die Musiklandschaft fernab der Metropolen zum Blühen zu bringen, spielen die 78 Musikerinnen und Musiker heute nicht nur in den Konzertsälen zwischen Minden und Paderborn, Gütersloh und Detmold, sondern treten darüber hinaus bei Gastspielreisen in berühmten Häusern wie dem Concertgebouw in Amsterdam, der Zürcher Tonhalle und dem Großen Festspielhaus in Salzburg auf. Neben Dänemark, Österreich, Holland, Italien, Frankreich und Spanien sorgte das Orchester auch in Japan und den USA schon für ausverkaufte Konzertsäle.

Das Kulturleben in der Region bereichert die NWD durch ihre Abonnementsreihen sowie durch zahlreiche neue Formate, die in den vergangenen Jahren unter der Leitung des Intendanten Andreas Kuntze entwickelt wurden. Ein weiterer Schwerpunkt der NWD ist die Förderung des hochtalentierten musikalischen Nachwuchses. Bereits sieben Mal bot sie jungen Pianisten und Cellisten im Rahmen der »Sommerakademie« die Gelegenheit, in

Nordwestdeutsche Philharmonie

Meisterkursen ihr eigenes Talent zu entwickeln und sich in Konzerten der Öffentlichkeit zu präsentieren. Zu den weiteren Aktivitäten, mit denen das Orchester ein breites Publikum anspricht, gehören Chorkonzerte, Open-Air-Events und musikalische Veranstaltungen nach dem Vorbild der britischen »Night of the Proms«.

Einen großen Stellenwert misst die Nordwestdeutsche Philharmonie, die seit dem Jahr 2002 auch eine eigene Stiftung besitzt, ihrem schul- und konzertpädagogischen Programm für die Konzertbesucher von morgen bei. Mit ihren Konzerten für Kinder und Jugendliche, den Besuchen der Musiker in den Schulen und dem Angebot an Klassen, an den Proben teilzunehmen, gelingt es ihr, jährlich rund 15 000 junge Hörer an die klassische Musik heranzuführen.

Quelle: Nordwestdeutsche Philharmonie

Saftiger Marmorkuchen

250 g Margarine	cremig rühren.
300 g Zucker	
6 Eier	und
1 Pck. Vanillezucker	hinzufügen.
400 g Mehl	mit
1 Pck. Backpulver	mischen, dazugeben und alles zu einem Teig verrühren.
200 ml Sahne	steif schlagen und unter den Teig heben. Zwei Drittel des Teiges in eine Springform (Ø 28 cm) füllen. Unter den Rest
3 EL Kakao	und
2 – 3 EL Milch	rühren und ebenfalls in die Springform füllen. Bei 175 °C etwa 1 Stunde backen.

165

Internationales Flair in Muckum

Dominosteintorte

3 Eier	trennen, die Eigelbe beiseitestellen, das Eiweiß steif schlagen.
70 g Zucker	und
1 Pck. Vanillinzucker	einrieseln lassen und die Eigelbe unterheben.
75 g Mehl	mit
1 Msp. Backpulver	vermischen und
1 TL Lebkuchengewürz	daruntermischen. Das Mehlgemisch unter die Eimasse heben. Die Masse in eine Springform füllen und 20 Minuten bei 200 °C backen. Auskühlen lassen und einmal waagerecht durchschneiden.
300 g Johannisbeergelee	in einem kleinen Topf erwärmen und auf den untersten Boden streichen. Den zweiten Boden daraufsetzen.
150 g Kuvertüre	zum Schmelzen bringen.
250 ml Sahne	steif schlagen und die flüssige Kuvertüre unter die Sahne heben. Diese Mischung auf den zweiten Boden streichen. Die Torte nun mit
1 Marzipandecke (300 g)	abdecken. Das Marzipan mit
125 g Schokoladenglasur	überziehen.

**Das alte Amtshaus im Jugendstil in Ennigloh im Winter.
Heute ist dort die Musikschule untergebracht.**

Wintertraum

Westfälischer Apfelkuchen

250 g Margarine	schaumig rühren, danach langsam
225 g Zucker	und
5 Eier	hinzugeben und unterrühren.
275 g Mehl	mit
2 TL Backpulver	mischen, durchsieben und esslöffelweise unterrühren.
1 kg säuerliche Äpfel	schälen, vierteln, entkernen und in Achtel schneiden. Die Hälfte des Teiges in eine gefettete Springform füllen und glatt streichen. Die Äpfel in 2 Lagen darauflegen. Den übrigen Teig darauf verteilen und glatt streichen. Bei 180 °C etwa 1 Stunde backen.
1 EL Aprikosenkonfitüre	durch ein Sieb streichen,
1 EL Wasser	zufügen und aufkochen. Den Kuchen sofort nach dem Backen damit bestreichen und kalt stellen. Für die Glasur
100 g Puderzucker	sieben und mit
3 EL Zitronensaft	verrühren. Den Kuchen damit überziehen.

167

Wird auch Apfeltarte genannt.

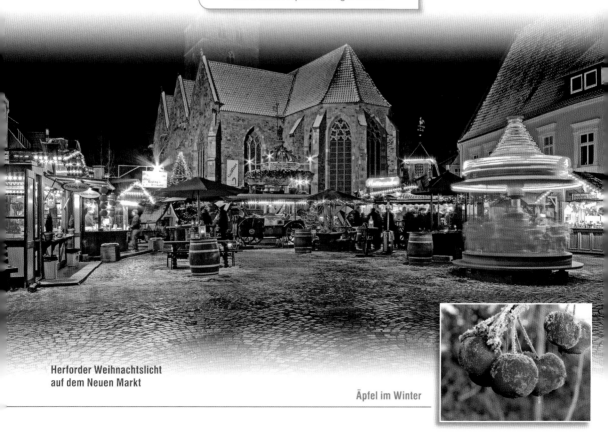

Herforder Weihnachtslicht auf dem Neuen Markt

Äpfel im Winter

Quarkstollen

500 g Mehl	und
1 Pck. Backpulver	mischen.
200 g Zucker	sowie
2 Eier	hinzufügen.
250 g Schichtkäse oder Quark (abgetropft)	durch ein Sieb streichen und hinzufügen.
1 Fläschchen Rum-Aroma	
1 Fläschchen Zitronen-Aroma	dazugeben.
125 g Butter	in kleine Stückchen schneiden, mit
125 g Mandelstifte	und
200 g Rosinen	zur Masse geben, alles zu einem glatten Teig verkneten. In einer gefetteten Kastenform im vorgeheizten Backofen bei 175 °C etwa 60 bis 70 Minuten backen. Danach
25 g Butter	schmelzen und die Oberfläche des Quarkstollens damit bestreichen.
50 g Puderzucker	darübersieben.

Ein verlassenes Boot im Herbstwald
des Uhlenbachtals

Natürliches Apfelstillleben

Kilver Markt-Waffeln

6 Eier	trennen, das Eiweiß steif schlagen.
250 g Margarine	
250 g Zucker	und
2 Pck. Vanillezucker	gut verrühren. Die Eigelbe nach und nach hinzugeben und unterrühren.
1 Pck. Zitronenschale	
500 g Mehl	und
1 TL Backpulver	vermischen, mit etwa
500 ml Milch	abwechselnd zugeben und gut verrühren. Das geschlagene Eiweiß zum Schluss unterheben und den Teig portionsweise im Waffeleisen backen.

Dazu schmeckt selbst gemachte Rote Grütze und Vanillecreme.

169

Frisches regionales Obstangebot auf dem Kilver Markt in Rödinghausen

Alpaka auf dem Kilver Markt in Rödinghausen

Adventskapelle Muckum
oder was Verbundenheit bewirken kann

Von Elisabeth Hellmich

Eine kleine Gemeinde im Bünder Land wünschte sich sehnlichst eine eigene Kirche. Mit viel Eigeninitiative und großzügigen Spenden aus der Gemeinde konnte am ersten Advent 1951 trotz Geldmangels die kleine Kapelle eingeweiht werden. Hertha König, Besitzerin des benachbarten Gut Böckel, spendete ihre silberne Taufschale und ein Kruzifix. Im Laufe der Jahre wurde die Kapelle um ein Gemeindehaus und ein Pfarrhaus erweitert.

Durch die Neugliederung der Kirchengemeinden und den Neubau eines Gemeindezentrums im benachbarten Ennigloh drohte die Adventskapelle unterzugehen. Verkauf, Abriss oder Ruine standen im Raum. Aber dadurch erwachte das Zusammengehörigkeitsgefühl der Muckumer Gemeindeglieder. Hartnäckig kämpften sie für den Erhalt ihrer Kapelle. Eine Interessengemeinschaft in Muckum beantragte, dass die Kapelle unter Denkmalschutz gestellt werden solle – und war erfolgreich. Auf den neu gegründeten Förderverein »Adventskapelle« kam nun viel Arbeit zu, Kapelle und Gemeindehaus mussten renoviert und das Gemeindeleben neu organisiert werden – alles in ehrenamtlicher Arbeit und freiwillig! Seitdem ist ein neuer Mittelpunkt in der kleinen Gemeinde entstanden. Regelmäßig finden dort Gottesdienste, Taufen, Trauungen und Beerdigungen statt. Aber auch für Konzerte, Vorträge, Theateraufführungen und Open-Air-Veranstaltungen bieten die Räumlichkeiten einen würdigen Rahmen.

Adventskapelle Muckum

Rosinenbrötchen (ergibt etwa 15 Stück)

250 g Magerquark	mit
6 EL Milch	
6 EL Öl	
100 g Zucker	
1 Ei	
1 Pck. Vanillezucker	
1 Prise Salz	und
250 g Rosinen	verrühren.
450 g Mehl	mit
1 Pck. Backpulver	mischen, durchsieben und die Hälfte davon unterrühren, den Rest des Mehls unterkneten. Den gut gekneteten Teig zu einer langen Rolle formen und diese dann in Stücke schneiden. Bei 180 bis 190 °C etwa 30 Minuten im Ofen backen.

171

Apfelbrot

750 g Äpfel	waschen, mit der Schale grob raspeln und über Nacht abgedeckt ziehen lassen.
125 g Rosinen	in
1 – 2 EL Rum	ziehen lassen, mit
200 g Haselnüsse (ganz)	zu den Äpfeln geben.
500 g Mehl	
1½ Pck. Backpulver	und
1 Pck. Lebkuchengewürz	unter die Apfelmasse geben und alles zu einem Teig verkneten. Den Teig in 2 gut gefettete oder mit Backpapier ausgelegte Kastenformen füllen. Mit Umluft auf der mittleren Schiene bei 190 °C etwa 70 Minuten backen.

Altarraum der Adventskapelle. Das Kreuz und die Taufschale wurden 1951 von Hertha König gespendet.

Verwöhnen Sie doch einmal Menschen, die Ihnen am Herzen liegen, mit einem Geschenk aus der Küche. Die persönliche Note kommt bestimmt gut an.
Twist-Off-Gläser sind zum Abfüllen und Aufbewahren der Köstlichkeiten gut geeignet. Das sind Gläser mit Schraubverschluss. So lässt sich das Glas luftdicht verschließen.

Gewürz-Orangenkonfitüre

900 ml frisch gepresster Orangensaft	und den Saft von
2 Zitronen	mischen.
20 getrocknete Aprikosen	in Stücke schneiden, zum Saft geben und über Nacht in einem großen Topf durchziehen lassen.
1 Msp. Lebkuchengewürz	und
1 Msp. Spekulatiusgewürz	zum Saft geben, die Flüssigkeit zum Kochen bringen und 5 Minuten sprudelnd kochen lassen.
1 kg Gelierzucker (1:1)	hinzufügen und weitere 10 Minuten köcheln.
4 EL brauner Rum	unterrühren, die Konfitüre in saubere Gläser füllen, sofort verschließen und auf dem Kopf stehend kalt werden lassen.

Erntedankarrangement in Bieren

Marzipanpralinen
mit Schokoraspel (ergibt etwa 40 Stück)

50 Pistazienkerne	fein mahlen, mit
2 EL Maraschino-Likör	und
150 g Marzipan-Rohmasse	verkneten. Aus der Masse mit den Händen Kugeln (Ø 2 bis 3 cm) rollen. Dabei darauf achten, dass die Oberfläche möglichst glatt ist. Von
500 – 600 g Edelbitter-Kuvertüre	mit einem Sparschäler 4 bis 5 Esslöffel kleine Raspel für die Garnitur abziehen. Die restliche Kuvertüre über einem Wasserbad schmelzen und auf etwa 28 °C erhitzen. Hierbei hilft evtl. ein Schokothermometer. Die Pralinen einzeln nacheinander mit einer Pralinengabel durch die Kuvertüre ziehen, kurz abtropfen lassen und auf Folie oder Backpapier setzen. Mit den Schokoraspel bestreuen und fest werden lassen.

Erntedankteppich in Rödinghausen

173

Holunderblütenlikör

40 – 50 Holunderblütendolden (voll aufgeblüht)	in
1,5 l Wasser	und
50 g Zitronensäure	mindestens 24 Stunden ziehen lassen. Die Blüten müssen ganz mit Wasser bedeckt sein. Den Sud durch einen mit einem Leinentuch ausgelegten Durchschlag abgießen.
750 g Zucker	und
1,5 l Korn oder Wodka	dazugeben, solange rühren, bis der Zucker aufgelöst ist und anschließend in Flaschen abfüllen. Vor Gebrauch die Flasche schütteln, da sich der Blütenstaub auf dem Boden absetzt.

174

Blühender weißer Holunderbusch

Steine in der Weser bei Vlotho

Holunderblütensirup

Grundzutat für den Cocktail »Hugo«

1,5 kg Zucker	in einen Topf geben.
1,5 l Wasser	hinzufügen, aufkochen, den Zucker auflösen und abkühlen lassen.
50 g Zitronensäure	zugeben.
2 unbehandelte Zitronen	in Scheiben schneiden, hinzufügen.
40 Holunderblütendolden	waschen, trockenschütteln, von den Stielen zupfen und in einen Steinguttopf geben. Den Sirup darübergießen, vermischen, zugedeckt 3 Tage ziehen lassen und ab und zu umrühren. Danach ein Mulltuch über einen Topf legen, den Sirup durchgießen. Sirup nochmals aufkochen und noch heiß in ausgespülte, absolut saubere dekorative Flaschen füllen, verschließen.

> Zum Servieren mit stillem oder kohlensäurehaltigem Mineralwasser oder Prosecco aufgießen.

175

Holunder-Balsamico-Essig

600 ml Balsamico-Essig (dunkel)	erwärmen und
300 g Zucker	darin auflösen.
½ Zimtstange (ca. 3 cm)	
3 Pimentkörner	und
4 Nelken	in ein Säckchen (Teebeutel) füllen, zubinden und mit der Flüssigkeit 5 Minuten köcheln.
300 ml Holundersaft (natur)	dazugeben und weitere 10 Minuten köcheln. Gewürzsäckchen entfernen, den Holunder-Essig abkühlen lassen und in kleine, saubere Flaschen füllen.

Parzellennummerierung auf dem
Campingplatz in Borlefzen an der Weser

Die Ulenburg

Erzählt von Rita Busch

Das Wasserschloss Ulenburg wurde von 1568 bis 1570 im Stil der Weser-Renaissance von Ritter Hilmar von Quernheim erbaut. Das Vorgänger-Bauwerk war vom 12. Jahrhundert an ein befestigter Meierhof an derselben Stelle. Der Meier zu Ulenburg wurde jedoch im 14. Jahrhundert durch die Ritterfamilie von Quernheim verdrängt.

Die Ulenburg steht auf einem aufgeworfenen Erdhügel und wird von zwei Armen des Mühlenbaches (Quernheimer Bach) umspült bzw. geschützt.

Das ursprüngliche Schloss wurde nach seiner Fertigstellung im Jahre 1570 von neuen Schlossherren mehrfach verändert und erweitert.

Im Schlosspark findet man etwa 100 uralte, teils exotische Baumriesen. Nadelbäume aus Russland, Eichen und Küstentannen aus Nordamerika, Platanen aus Italien, Ess-Kastanien und Exoten aus Asien. Die früheren Herren auf Ulenburg ließen sie als Stecklinge aus aller Welt herbeiholen und in ihrem Park heimisch werden.

Etwas abseits am Schlossteich steht ein auffallend bunt gestrichenes und mit Schnitzwerk versehenes hölzernes Gartenhaus: Die Datscha der Fürstin Handjery (1846 bis 1865 Eigentümerin der Ulenburg) wurde seinerzeit als Erinnerung an ihre russische Heimat gebaut und ist unter allen Herrensitzen Westfalens einzigartig.

Im Laufe der Jahrhunderte wechselte die Ulenburg häufig ihre Besitzer. Ritter, Grafen, Freiherren und sogar ein russischer Fürst waren darunter. Die letzten Schlossherren verkauften die Ulenburg im Jahre 1927 an den Wittekindshof in Bad Oeynhausen, der bis heute Eigentümer ist.

Das Wasserschloss Ulenburg

Nussecken

300 g Mehl	mit
60 g Zucker	
1 Pck. Vanillezucker	
2 Eier	
130 g Margarine	
1 TL Backpulver	und
1 Prise Salz	zu einem Knetteig verarbeiten.1 Stunde im Kühlschrank ruhen lassen. Anschließend auf einem Backblech ausrollen. Den Backofen auf 175 °C vorheizen. Den Teig mit
7 EL Aprikosenmarmelade	bestreichen.
200 g Butter	
100 g Zucker	
2 Pck. Vanillezucker	und
4 EL Wasser	in einem Topf zerlassen und aufkochen.
200 g gemahlene Haselnüsse	und
200 g gehackte Mandeln	unterrühren und die Masse auf dem Teig verteilen. Bei 175 °C etwa 45 Minuten backen. Abkühlen lassen und in Rauten schneiden (Größe nach Wunsch).
200 g Kuvertüre	zum Schmelzen bringen, die Rauten mit den Spitzen eintauchen und trocknen lassen.

177

> Das Gebäck in kleine Rauten schneiden, diese in Folienbeutel verpacken und mit Schleife und Grußkarte versehen. So eignen sich diese Nussecken hervorragend als kleines Dankeschön.

Walnussernte

Johannisbeerlikör

150 g schwarze Johannisbeeren	mit
150 g Kandis	und dem Mark von
1 Vanillestange	sowie
750 ml Korn oder Wodka	in ein verschließbares Gefäß geben. 6 bis 8 Wochen stehen lassen, zwischendurch schwenken. Den Likör durchseihen und in Flaschen umfüllen.

Man nimmt am besten schwarze Johannisbeeren, es geht aber auch mit roten.

Johannisbeeren
vor der Ernte

Pflaumenchutney

750 g Pflaumen	putzen, entkernen und klein schneiden.
150 g Äpfel	schälen, Kerngehäuse entfernen und klein schneiden.
100 g getrocknete Aprikosen	würfeln.
250 g Zwiebeln	und
1 nussgroßes Stück Ingwer	schälen und fein würfeln. Alle Zutaten mit
200 g Rosinen	
125 g Zucker (braun)	
175 ml Balsamico-Essig	
1 TL Salz	und
1 Msp. Pimentpulver	in einen großen Topf geben und aufkochen. Auf kleiner Flamme 1 bis 2 Stunden zu einer leicht sämigen Konsistenz einkochen lassen. Nochmals mit
Salz, Zucker	und
1 Msp. Cayennepfeffer	abschmecken. Sofort heiß in sterile Gläser abfüllen und auskühlen lassen.

179

Schmeckt zu gegrilltem Fleisch und Käse.

Kürbiskonfitüre

650 g Kürbisfleisch	in etwa 1 cm große Würfel schneiden. Mit dem Mark von
2 Vanilleschoten	und
350 ml Orangensaft	etwa 10 Minuten bei mittlerer Hitze kochen, danach fein pürieren.
4 EL Zitronensaft	und
500 g Gelierzucker (2:1)	untermischen. Alles unter Rühren bei starker Hitze 3 Minuten sprudelnd kochen. Vom Herd nehmen, in vorbereitete Twist-Off-Gläser füllen und verschließen. Für etwa 5 Minuten kopfüber auf ein Tuch stellen.

Gut Böckel

Erzählt von Heidrun Diekmann

Der Kreis Herford hat viel Kulturelles zu bieten. Am berühmtesten ist sicher das alte Rittergut Böckel am Rande von Rödinghausen. Die auf Gut Böckel geborene und gestorbene frühere Gutsherrin Hertha König war in ihrer Zeit eine bekannte Dichterin. Namhafte Maler, Dichter und Literaten gehörten zu ihrem Freundeskreis. So lud sie auch Rainer Maria Rilke ein, der den Sommer 1917 auf Gut Böckel verbrachte. Hier schrieb er seine populär gewordenen Briefe, die viel Einblick in seine Gemütsverfassung zulassen. Er bewohnte den Turm, der noch heute »Rilketurm« heißt.

Auch Bundespräsident Theodor Heuss besuchte seinerzeit die Poetin Hertha König. Heute ist das Gut im Besitz der Familie Leffers, die es behutsam und mit viel Sachverstand renoviert und somit ein Stück Kultur vor dem Verfall bewahrt. Die Familie richtet hochkarätige Veranstaltungen aus, die das Gut mit Leben füllen und über die Grenzen Ostwestfalens hinaus bekannt sind.

Ob die Konzerte zum Russischen Sommer, Wege durch das Land mit meisterhaften Lesungen und Konzerten oder der besondere Weihnachtsmarkt zum ersten Advent – die Veranstaltungen auf Gut Böckel sind immer eine gute Empfehlung.

Landidylle auf Gut Böckel

Repräsentativer Eingang von Gut Böckel

Sonette

Von Hertha König (in: Sonette, Leipzig 1917)

Du bist die Sehnsucht, die sich erfüllt,
Und meine Liebe ist dein Widerschein;
In deine Fernen seh ich tief hinein,
Du bist von meinen Blicken eingehüllt.

Ein Strom glitt ich dahin an deinem Bild
Und suchte vor mir her nach meinem Sein;
Nun bleib ich stehn und hol es zitternd ein;
Ich bin ein See, und bin von dir gestillt.

Aus feuchten Blättern blitzt dein Angesicht –
Ich hab dich ganz – und fasse dich doch nicht –
mit jedem Schauen bist du neu gefunden;

Du Lebensanfang, du glückseliges Licht!
Getrennt von mir durch Millionen Stunden –
Und doch mir näher als ich selbst
Und doch mir näher als ich selbst verbunden.

Gut Böckel von oben

Rilketurm

Pistazienkugeln

2 EL Puderzucker	mit einem Sieb auf einer Arbeitsfläche ausstreuen und darin
200 g Marzipan	durchkneten und mit einer Küchenrolle möglichst quadratisch 2 mm dick ausrollen. Dann in 4 x 4 cm große Quadrate schneiden.
80 g Nougatmasse	in so viele Würfel schneiden, wie Marzipanquadrate vorhanden sind.
25 g gehackte Pistazien	auf die Nougatwürfel verteilen und eindrücken. Die Nougatwürfel in die Marzipanquadrate einhüllen und zwischen den Handflächen vorsichtig zu Kugeln rollen.
200 g Zartbitter-Kuvertüre	grob hacken, in einer kleinen Metallschüssel im Wasserbad schmelzen lassen. Die Schüssel aus dem Wasser nehmen und die Kuvertüre glatt rühren. Backpapier auf einer Arbeitsfläche auslegen, die Kugeln in die Kuvertüre tauchen und auf dem Backpapier ablegen. Mit
25 g gehackte Pistazien	bestreuen und fest werden lassen.

Zeit für die Teestunde am Kamin

Zwetschgen-Rotwein-Marmelade

1,5 kg Zwetschgen	putzen, entsteinen, klein schneiden, mit
750 g Gelierzucker (2:1)	in einen großen Topf geben, aufkochen und unter Rühren 5 bis 10 Minuten kochen. Nach Wunsch pürieren.
2 Pck. Vanillezucker	
1 TL Zimt	und
200 ml Rotwein	hinzufügen und nochmals kurz aufkochen. In heiß ausgespülte Gläser füllen, diese fest verschließen, auf den Kopf stellen und auskühlen lassen.

> Wenn die Zwetschgen reif sind, ist die rechte Zeit,
> um an Weihnachtsgeschenke zu denken.

Pfeffernüsse

183

7 geh. EL Zucker	und
1 EL Rübenkraut	in
500 ml Milch	warm auflösen und abkühlen lassen.
1 kg Mehl	mit
1 TL Pfeffer	
2 Pck. Backpulver	und
2 gestr. EL Anis	mischen (etwas Mehl zurücklassen). Mit der abgekühlten Milchmischung zusammenfügen und zu einem Teig verkneten. Den Teig zu einer Rolle formen und etwa 1 cm große Teigstücke zu Kugeln rollen. Diese in dem restlichen Mehl wälzen und auf ein gefettetes Backblech setzen. Bei 175 °C etwa 30 Minuten backen. Nach dem Backen noch heiß mit Wasser abpinseln.

Der Mond ist aufgegangen,
die goldenen Sternlein prangen,
hoch über dem Wittekindskreis ...

Begriffserläuterungen

Abbacken / Ausbacken	Etwas in heißem Fett schwimmend backen.
Ablöschen	Das Angießen von scharf angebratenem oder geschmortem Fleisch oder Gemüse.
Abschmecken	Eine Speise mit den Grundgewürzen Salz, Pfeffer, Zucker usw. nach eigenem Geschmack würzen.
Andünsten / Anschwitzen	Ein Lebensmittel in heißem Fett leicht rösten, ohne es zu braten. Das Lebensmittel soll nur glasig werden, z.B. Zwiebeln.
Ausbraten / Auslassen	Den Speck so lange braten, bis das Fett herausgebraten ist.
Blanchieren	Zutaten in einen Topf mit kochendem Wasser geben und kurz köcheln lassen.
Garen / Köcheln	Eine Speise sollte nicht stark kochen. Die Hitzezufuhr muss so gedrosselt werden, dass nur ein leichtes Aufsteigen von Kochblasen zu sehen ist.
Gratinieren	Das Überbacken von Speisen.
Legieren	Ist das Binden und Verfeinern von Gerichten mit Eigelb. Das Ei oder Eigelb wird mit warmer Flüssigkeit vermischt und unter ständigem Rühren in die nicht mehr kochende Speise gegeben.
Karkasse	Aus dem Französischen: Carcasse für Gerippe. Karkasse nennt man das nach dem Tranchieren meist kleinerer Tiere zurückbleibende Knochengerüst samt eventuell anhaftender Fleischreste.
Marinieren	Ist das Einlegen von Lebensmitteln in eine gewürzte Flüssigkeit, um der Speise einen besonderen Geschmack und bessere Haltbarkeit zu verleihen.
Mehlschwitze	Traditionelles Bindemittel von Suppen und Saucen (Fett zerlassen und Mehl einrühren).
Parieren	Fleisch von Fett und Sehnen befreien.
Passieren	Flüssigkeiten durch ein Sieb oder Tuch geben.
Pürieren	Ein gares Lebensmittel wird stark zerkleinert. Früher war hierfür in vielen Haushalten die »Flotte Lotte« ein beliebtes Haushaltsgerät, z.B. um Apfelmus herzustellen.
Reduzieren	Flüssigkeit fast vollständig verkochen lassen (einkochen).
Stocken lassen	Das Garen von Eiern oder Eimasse, bei mäßiger Hitze im Topf oder Wasserbad, ohne dabei das Gargut umzurühren.
Wasserbad	Ist eine Methode, um Speisen indirekt mit Hitze zu versorgen. Dabei wird der Topf mit den Speisen in einen anderen Topf mit heißem Wasser auf den Herd gestellt.
Zerlassen	Butter oder Margarine in einer Pfanne oder einem Topf bei mäßiger Hitze schmelzen, aber nicht braun werden lassen.

Maße und Gewichte

1 gestr. EL Fett	15 g	1 Liter	1000 ml / 1000 ccm	
1 gestr. EL Mehl	10 g	¾ Liter	750 ml / 750 ccm	
1 geh. EL Mehl	15 g	½ Liter	500 ml / 500 ccm	
		⅜ Liter	375 ml / 375 ccm	
1 kleine Zwiebel	30 g	¼ Liter	250 ml / 250 ccm	
1 mittlere Zwiebel	50 g	⅛ Liter	125 ml / 125 ccm	
1 große Zwiebel	70 g			
		1 TL	5 ml	
1 kleine Kartoffel	70 g	1 EL	15 ml	
1 mittlere Kartoffel	120 g	1 Tasse	150 ml	
1 große Kartoffel	180 g			
½ kg	500 g			
1 kg	1000 g			

Abkürzungen

Msp.	Messerspitze
EL	Esslöffel
geh. EL	gehäufter Esslöffel
gestr. EL	gestrichener Esslöffel
TL	Teelöffel
geh. TL	gehäufter Teelöffel
gestr. TL	gestrichener Teelöffel
g	Gramm
kg	Kilogramm
ml	Milliliter
cl	Zentiliter
l	Liter
ccm	Kubikzentimeter
Pck.	Päckchen
°C	Grad Celsius
TK	Tiefkühlkost

Rezeptregister nach Kapiteln

Kartoffelgerichte

Gemüsegerichte – vegetarisch

Fleischgerichte

Fischgerichte

Typisch ostwestfälisch

Hits für Kids

Leckeres für Gäste

Desserts

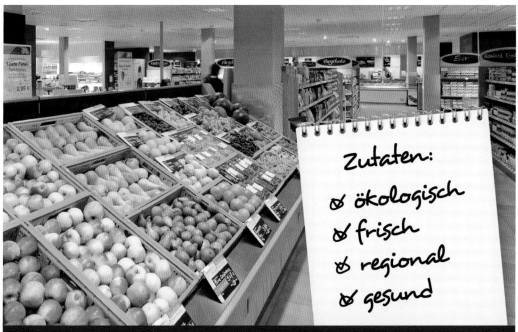

Kuchen, Torten und mehr

Geschenke aus der Küche

Bildquellennachweis

Umschlag vorne: (M) P.S.; (v.l.) Christine Wendt, Projektbüro Kreis Herford, KreisLandfrauenverband Herford, P.S.; Umschlag hinten: (v.l.) Stadt Vlotho, Harald Wurm, Marina Glombik, Dietmar Zentner;

Seite: 3: (gr) Edition Limosa; 4: (kl) Maik Beckmann; 5: (kl) P.S.; 6: (gr) KreislandFrauenverband Herford, (kl) Heidrun Diekmann, P.S.; 7: (gr) Leif Schröder.; 8: (gr/kl) Mareike Hübner; 9: (gr) P.S., (kl) oben Landrat Christian Manz, unten Peter Bubig; 10: (kl) Marina Glombik; 11: (gr) Stefan Olschewsky, (kl) Stadt Spenge; 12: (gr) Maik Beckmann, (kl) P.S.; 13: (kl) P.S.; 14: (gr) Harald Wurm, (kl) Ingrid Fleer; 15: (kl) oben Widukind Museum/Bernward Sandmann, unten Harald Wurm; 16: (gr) P.S., (kl) Mareike Hübner; 17: (gr/kl) Mareike Hübner; 18: (gr/kl) Jutta Fleer; 19: (gr) Stephan Klaus, (kl) Jutta Fleer; 20: (gr) P.S., (kl) Werner Brakensiek; 21: (kl) Dietmar Zentner; 22: (gr) oben P.S., unten Stephan Klaus, (kl) Archiv Stadt Spenge 23: (kl) Christine Wendt; 24: (gr/kl) P.S.; 25: (gr/kl) P.S.; 26: (kl) Mareike Hübner; 27: (gr) P.S.; 28: (gr) Thorsten Kleinfeld; 29: (kl) Wolfgang Meier; 30: (kl) Mareike Hübner; 31: (gr/kl) Mareike Hübner; 32: (gr/kl) Dietmar Zentner; 33: (kl) Maik Beckmann; 34/35: Stephan Klaus 36: (kl) Hans-Jürgen Meier; 37: (gr) P.S., (kl) Christine Wendt; 38: (gr/kl) Christine Wendt; 39: (kl) Christine Wendt; 40: (kl) Maik Beckmann; 41: (gr) Mareike Hübner; 42: (gr) Thorsten Kleinfeld; 43: (kl) Thorsten Kleinfeld; 44: (gr) Dietmar Zentner; 45: (gr) Dietmar Zentner; 46: (gr/kl) Thorsten Kleinfeld; 47: (gr/kl) Thorsten Kleinfeld; 48: (gr/kl) P.S.; 49: (kl) Christine Wendt; 50: (gr) Marina Glombik; 51: (kl) Christine Wendt; 52: (gr) Werner Brakensiek, (kl) P.S.; 53: (kl) P.S.; 54: (gr) Christine Wendt, (kl) Gunhild Vogel-Höffner; 55: (kl) Angelika Böhne-Braun; 56/57: P.S. 58: (gr) Jutta Fleer, (kl) P.S. 59: (gr) Eckhard Assler, (kl) Sammlung Brakensiek 60: (gr) Heidrun Diekman, (kl) Jutta Fleer 61: (gr) Dietmar Zentner, (kl) Maik Beckmann; 62: (gr) P.S., (kl) Mareike Hübner; 63: (kl) Mareike Hübner; 64: (gr) P.S.; 65: (gr) Christine Wendt; 66: (gr) P.S.; 67: (gr) Horst Nikutta; 68: (gr/kl) Christine Wendt; 69: (gr) Thorsten Kleinfeld, (kl) Jutta Fleer; 70: (kl) Stadt Spenge; 71: (gr/kl) Stadt Spenge; 72: (gr) P.S.; 73: (gr) P.S. 74/75: P.S. 76: (gr) Heidrun Diekman, (kl) Stephan Klaus; 77: (kl) Stephan Klaus; 78: (gr/kl) Christian Grube; 79: (gr) Herforder Brauerei GmbH & Co KG, (kl) Archiv Herforder Brauerei GmbH & Co KG; 80: (gr) Rita Busch; 81: (gr) P.S.; 82: (gr) Stadt Spenge; 83: (gr) Mareike Hübner; 84: (gr) Christine Wendt, (kl) Jutta Fleer; 85: (gr) Mareike Hübner, (kl) P.S.; 86: (gr) P.S., (kl) Mareike Hübner; 87: (kl) P.S.; 88: (gr/kl) P.S.; 89: (gr) Thorsten Gödecker (Stadt Herford), (kl) P.S.; 90: (gr) Verein vom Korn zum Brot; 91: (kl) P.S.; 92: (kl) Mareike Hübner; 93: (gr) P.S.; 94: (kl) Projektbüro Kreis Herford; 95: (gr) Projektbüro Kreis Herford, (kl) P.S.; 96: (kl) Christine Wendt; 97: (gr) Heidrun Diekman, (kl) Karin Fleer; 98: (gr) P.S., (kl) Jutta Fleer; 99: (gr) Mareike Hübner, (kl) Christine Wendt; 100: (gr) Marina Glombik, (kl) Mareike Hübner; 101: (kl) P.S.; 102: (kl) Angelika Bielefeld; 103: (kl) Angelika Bielefeld; 104: (gr) Thorsten Kleinfeld; 105: (kl) P.S.; 106: (gr) Stadt Herford; 107: (kl) Maik Beckmann; 108: (gr) Christine Wendt, (kl) P.S.; 109: (kl) Christine Wendt; 110: (gr) P.S., (kl) Mareike Hübner; 111: (kl) P.S.; 112: (gr) Aqua Magica GmbH, (kl) Dietmar Zentner; 113: (gr) Christine Wendt, (kl) Angelika Bielefeld; 114: (kl) P.S.; 115: (gr) Wollverlag; 116: (gr) Christine Wendt; 117: (gr) Christine Wendt; 119: (gr) P.S.; 120: (gr/kl) P.S.; 121: (kl) P.S.; 122: (gr) Andrea Buddenberg, (kl) P.S.; 123: (gr) P.S., (kl) Silke Schröder; 124: (gr) Frank-Michael Kiel-Steinkamp, (kl) Christine Wendt; 125: (kl) Dietmar Zentner; 126: (gr) P.S.; 127: (kl) Mareike Hübner; 128: (gr) Mareike Hübner, (kl) Tierpark Herford; 129: (kl) P.S.; 130: (gr) Christian Grube; 131: (gr) Christian Grube; 132: (gr) Detlef Wittig, (kl) Thorsten Kleinfeld; 133: (kl) P.S.; 134: oben/unten Wolfgang Richter, (kl) Wolfgang Richter 135: (gr/kl) P.S.; 136: (gr) Sammlung Brakensiek, (kl) Christine Wendt; 137: (kl) Christine Wendt; 138: (kl) Jutta Fleer; 139: (gr) Mareike Hübner; 140: (gr) P.S.; 141: (kl) P.S.; 142: (gr) Gerhard Aupke; 143: (kl) P.S.; 144: (kl) Thomas Klüter; 145: (gr/kl) Thomas Klüter; 146: (gr) Stadt Vlotho; 147: (gr) Jutta Fleer; 148: (gr) Jutta Fleer, (kl) P.S.; 149: (kl) oben Marina Glombik, Mitte Jutta Fleer, unten Dietmar Zentner; 150: (gr) Stephan Klaus, (kl) Dietmar Zentner; 151: (gr) Stephan Klaus, (kl) Dietmar Zentner; 152: (gr) P.S.; 153: (kl) Kristine Greßhöner; 154: (gr/kl) P.S.; 155: (gr) Silke Niepert, (kl) oben Gemeinde Rödinghausen, unten Silke Niepert; 156: (kl) P.S.; 157: (gr) P.S., (kl) Christine Wendt; 158: (gr) Michael Tiemann; 159: (gr) Heinz-Wilhelm Schmidt; 160: (gr) Archiv Stadt Spenge, (kl) Maik Beckmann; 161: (gr) Werner Brakensiek, (kl) P.S.; 162: (gr) P.S., (kl) Werner Brakensiek; 163: (gr/kl) P.S.; 164: (gr) Nordwestdeutsche Philharmonie; 165: (kl) Dietmar Zentner; 166: (gr) Dietmar Zentner, (kl) Christine Wendt; 167: (gr) Thorsten Kleinfeld, (kl) Mareike Hübner; 168: (gr) Thorsten Kleinfeld, (kl) P.S.; 169: (gr/kl) P.S.; 170: (gr) Elisabeth Hellmich; 171: (kl) Elisabeth Hellmich; 172: (gr) Christine Wendt; 173: (gr) Christine Wendt; 174: (gr) Heidrun Diekmann, (kl) Angelika Böhne-Braun; 175: (kl) Angelika Böhne-Braun; 176: (gr) Mareike Hübner; 177: (kl) Christine Wendt; 178: (gr) P.S.; 179: (kl) P.S.; 180: (gr) Dietmar Zentner, (kl) Christine Wendt; 181: (gr/kl) Gut Böckel; 182: (gr) Dietmar Zentner; 183: (kl) Maik Beckmann;

P.S. = Petra Schröder